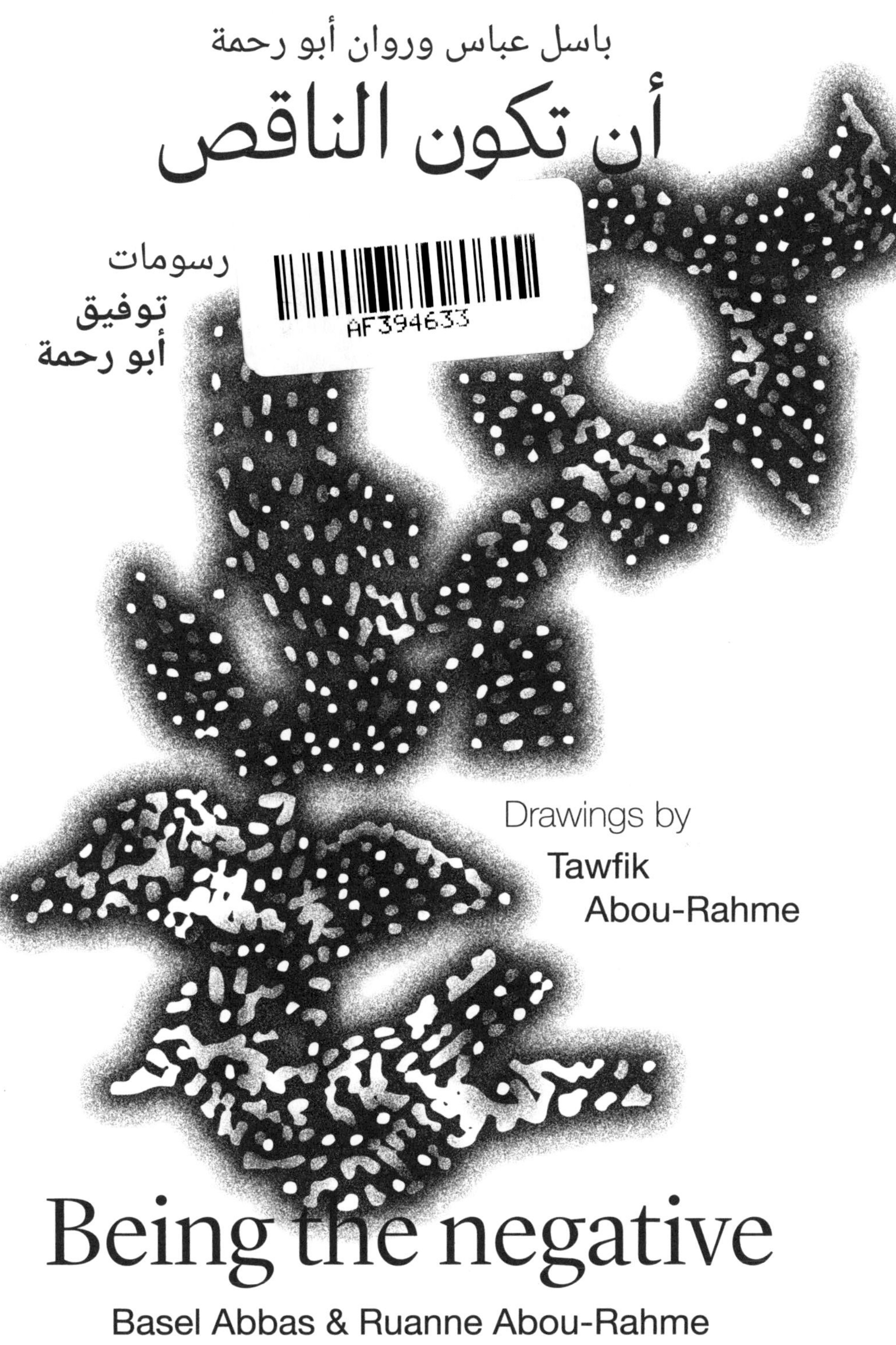

Being the negative

Basel Abbas & Ruanne Abou-Rahme

أن تكونَ في الناقص

هو أن تكونَ زائداً، زائداً خفياً، زائداً مُستنفذاً[1]

زائداً مضخَّماً تحت المجهر،[2] مختزلاً إلى جُزَيئات،
مُبَكسَل
مجرَّدَ ضوضاء

أن تكون في الناقص

هو أن تكون في الدَّين، في السالِب،
محتجزا في نظام يسلبك ويجردك

أن تكونَ في الناقص

هو أن تكونَ في النقص، في الكسر، في قلب الانتزاع

الناقص هو غير المرغوب به

أن تكون في الناقص

هو أن يكون نَفَسُك متقطِّعاً ومنقطعاً

[1] تم التطرق لمسألة الزائد في هذا السياق من خلال: . آدم حاج يحيى، "مبدأ العودة: القطيعة مع الزمن الصهيونيّ"، مجلّة بارابراكسيس، ٧ نيسان ٢٠٢٤.

[2] فريد موتن. "الموسيقى ضد قانون قراءة المستقبل و'رودني كينغ'." مجلة جمعية الدراسات للغة الحديثة في الغرب الأوسط (الولايات المتحدة). العدد ٢٧، المجلد الأول (١٩٩٤): صفحات ٥١-٦٤.

Being in the negative
is being excess, excess that is invisible,
excess that is disposable[1]

excess as *hypervisibility*[2], reduced to pixel and noise

Being in the negative
is being in debt, in the minus, captive to
a system of dispossession

Being in the negative
is being in the lack, in the break, in the site of extraction
the negative is that which

is unwanted, undesirable

Being in the negative,
is being short on breath, losing breath

1.
For more on this question of excess see: HajYahia, Adam.
"The Principle of Return." *Parapraxis*, April 7, 2024.

2.
Moten, Fred. "Music against the Law of Reading the Future and
'Rodney King.'" *The Journal of the Midwest Modern Language Association*
27, no. 1 (1994): 51–64. https://doi.org/10.2307/1315058.

كل الذين يقاومون،
هؤلاء الذين نحن مدينون لهم،
الذين سبقونا والذين سيلحقون بعدنا
ينادون علينا
لكي نصبح الناقص

أن نصبح الناقص

يقتضي النزول الى الأسفل، الولوج في الأرض، أن نصبح الأرض

أن نصبح الناقص   يقتضي أن نكون تضاريس الأرض،
                        في طبقات الأرض السفلى،

في اللامرئي

أن نصبح الناقص يعني

أن نصبح غير مرئيين، مخفيين لكي نكون منفلتين

أن نصبح الناقص هو أن نصبح غير مقيدين
نصبح مقاومين، متحورين، رافضين

رافضين ما قد منع عنا[3]

3
فريد موتن (٢٠١٣) الارتهان الخاسر والجميل، الهويات الأفريقية، ٢:١١، ص. ٢٣٧-٢٤٥.
"أن ترفض ما رُفض اليك، حتّى لو كان ما تمّ رفضُه مجرّد خيال، ممكن فقط اذا ادركت انه كان لديك
شيء (بما يتجاوز ما فُرض عليك من النقص أو العدم او الاستحالة). لكن ذاك الذي كان ما بين يديك،
في هذه الحالة، هو ليس وصفًا لملكية سابقة تم انتهاكها. كلا بل هي نبوءةٌ بكونك قد تنازلْت عن كلّ
شيء (حيث أنّك وافقْت على ألّا تكون كائناً واحداً، أن تتصرّف باستمرار خارج التداعيات النظرية
الضخمة للتملّك، ان كان لك أو عليك، ضدّ مفهوم الملكيّة، وأن تتمتّع بعدم التملّك وبمشاركة مساحات
البؤس الدونية). [فهو الاستمتاع بالمفقود، المتعة الزائلة بفضل زوالها، الاستمتاع من خلال كونك
بَرّانيّ وبسبب العدم الذي تشاركه مع غيرك.المحرر آدم حاج يحيى]. كلُّ شيء أحبّه هو أثرٌ لتشريدٍ
معيَّن، ولتشريدٍ آخر سيأتي. كلُّ شيءٍ أحبُّه يَظلُّ حياً رغم التشريد. وهو بالتالي موجودٌ قبل التشريد."

All those who resist,
all those we are indebted to,
                    before and after us,
        call to us
about becoming the negative

        Becoming the negative,

    is to go under, into the earth, *becoming the land*

Becoming the negative

        is becoming the sub terrain, the under terrain,
                        all that is *unseen*

    Becoming the negative

        is becoming unseen, invisible to be *unbound*

Becoming the negative is becoming unbound
resistant, mutating, refusing

        refusing that which has been refused to us[3]

3.
Fred Moten (2013) The Subprime and the beautiful, African Identities, 11:2, 237-245.
For, to refuse what has been refused to you, even when what has been refused is a fantasy,
is only possible from the perspective of having had something (beyond the constant
imposition of a lack or barrier or impossibility). But having had, in this case, is not the
description of some previous, violated ownership; it is, instead, a prophecy of having given
everything away (in having consented not to be a single being, in having been continually
acting out [of] the massive theoretical implications of holding and being held, against
ownership, in dispossessive enjoyment of the undercommon underprivilege). Everything
I love is an effect of an already given dispossession and of another dispossession to
come. Everything I love survives dispossession, is therefore before dispossession.

أن نكون الناقص هو أن

نخلق من النقص ما هو منقوص

ما هو مفقود، ما نحن في حاجة إليه
إننا في النقص واننا ما هو ناقص

أن نكون الناقص هو أن نرى من خلال الناقص
ما لم نستطع رؤيته

مسامات الأرض، الصدع في قلب المستعمرة

أن نكون الناقص هو أن نكون التسرب،
أن نكون التلوث

أن نكون الفائض الذي "يشعل العودة"⁴

٤.
"أحياناً يتسرب إلى داخل المنظومة الاستعماريّة
وفي أحيان أخرى يتسلّل خارجها، هذا هو الزائد
الذي يُحرّك العَودة." أنظر: آدم حاج يحي،
"مبدأ العودة: القطيعة مع الزمن الصهيونيّ"،
مجلّة بارابراكسيس، ٧ نيسان ٢٠٢٤.

Being the negative is creating from
                          within the lack *what is lacking*,

            what is missing, what we need
            We are in the lack and we are what is lacking

Being the negative is to see in the negative
what we otherwise *could not perceive*,

                    the pores of the land, the fracture
                    at the heart of the colony

Being the negative is being the spill,
                          being the contamination,

                being the excess that "fuels return"[4]

4.
"Slipping out and spilling into
the colonial matrix, this excess is
what fuels return." see: Haj Yahia,
Adam. "The Principle of Return."
Parapraxis, April 7, 2024.

أن نكون الناقص يعني أن نكون الدَين الذي هو *حقنا*

أن نكون الناقص هو أن نكون مع *الذين ندين لهم،* كل الذين سبقونا
وينادون الآن
ينادون إلينا من أعماق قبورهم

" اللي بيهتف ما بموت"°

المناداة تدوي
تنادينا مرارا إلى مواقعنا

أن نكون الناقص هو أن نكون ما
يبدو دفينا لكنه دوما ينبت

أن نكون الناقص هو رؤية الشق كانبثاق
أن نكون *الشق ذاته*

أن نتنفس ونكون، نكون ونتنفس حيث لا ينبغي أن نكون

°
هتاف منتشر في الشارع الفلسطينّي:
"علّي، علّي، علّي الصوت، الي بيهتف ما بيموت".

فلسطين، ايلول ٢٠٢٤

Being the negative is to be the debt that is *owed to us*

Being the negative is *being with what we are indebted to,*
all those that came before us and calls to us now
call to us from within their graves;

"those who chant do not die"[5]

the call echos,
call us again and again to where we must be

Being the negative is being what seems buried,
but continues to sprout

Being the negative is to see the breaks as openings,
to be *that break*

breathing and being, being and breathing
where you should *not* be

5.
A chant sung in Palestine,
"Raise your hands, raise your voice,
those who chant do not die".

Palestine, September 2024

للذين نحن مدينون لهم،
الذين سبقونا والذين سيلحقون بعدنا

كتب هذا النص عام ٢٠٢٠، وتتعمق
دلالاته بقسوة في ظل الإبادة
المستمرة. جميع الرسومات في
هذا الكتاب هي لتوفيق أبو رحمة،
والد روان ابو رحمة. لقد عاش
حياة رافضة، عاش في الناقص،
ليكون حرا. نحن مدينون لجميع
رسوماته، وسجل حياته وأصداؤها،
لنظل نفلت من الأسر ونظل
نلبي النداء ان نكون احرارا.

To all those we are indebted
to, before and after us

The text we share in the following
pages was written in 2020, and
in the face of the ongoing
genocide of Palestine, the words seem
only to deepen. The drawings in this
book are all by Tawfik Abou-Rahme,
Ruanne Abou-Rahme's father. He lived
a life of refusal, he lived a life in the
negative and being the negative to get
free. We are indebted to all the drawings,
inscriptions, echos he left us so that we
may continue to resist capture, so we may
continue to answer the call to get free.

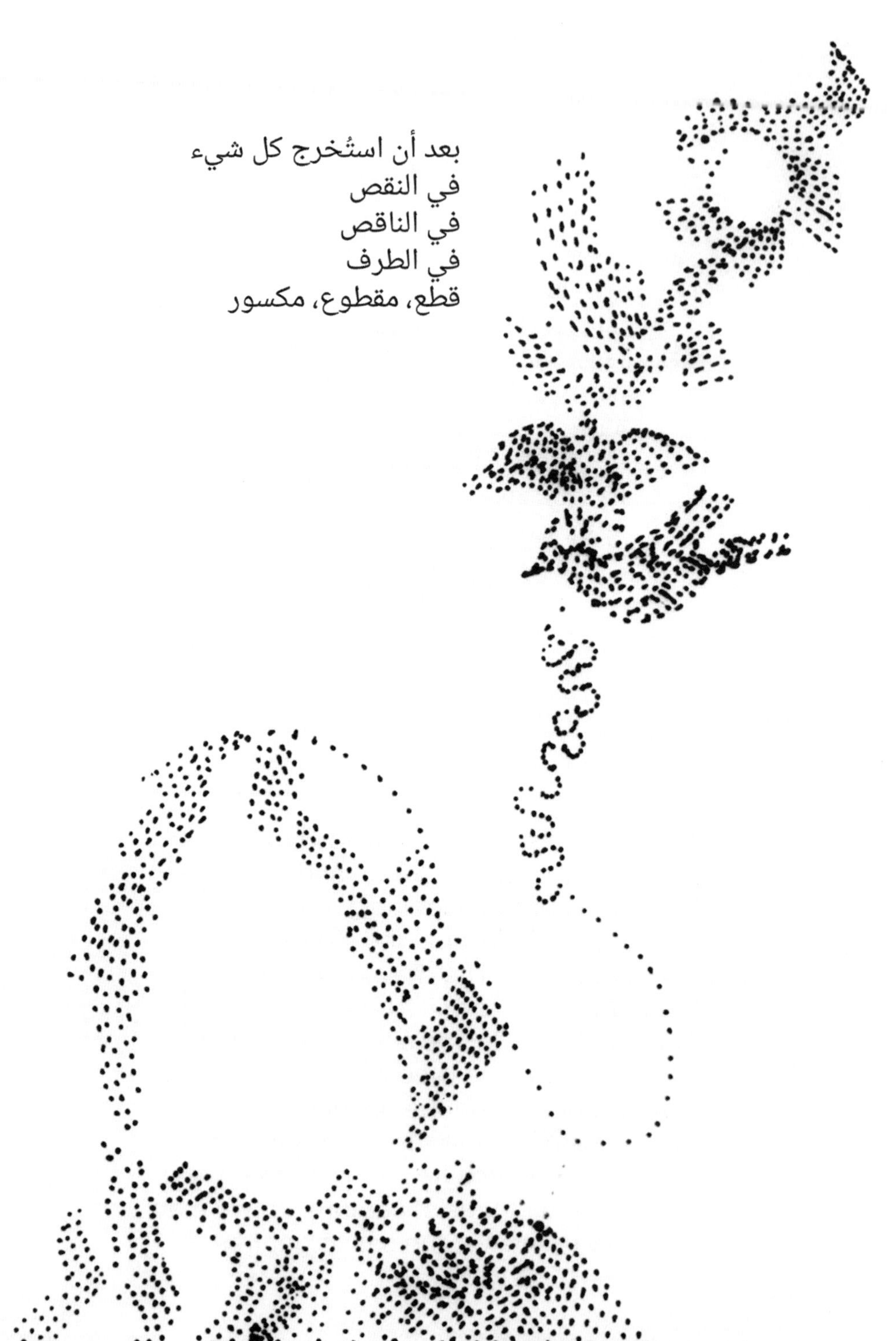

بعد أن استُخرج كل شيء
في النقص
في الناقص
في الطرف
قطع، مقطوع، مكسور

After everything is extracted
in the lack
in the negative
in the limb
sever, severed, broken

After everything is extracted

in zero in sub in minus in debt

within without withheld in doubt

بعد أن استخرج كل شيء

في الصفر في الناقص في الدون   في الدين
في الداخل في الخارج محتجز   في الشك

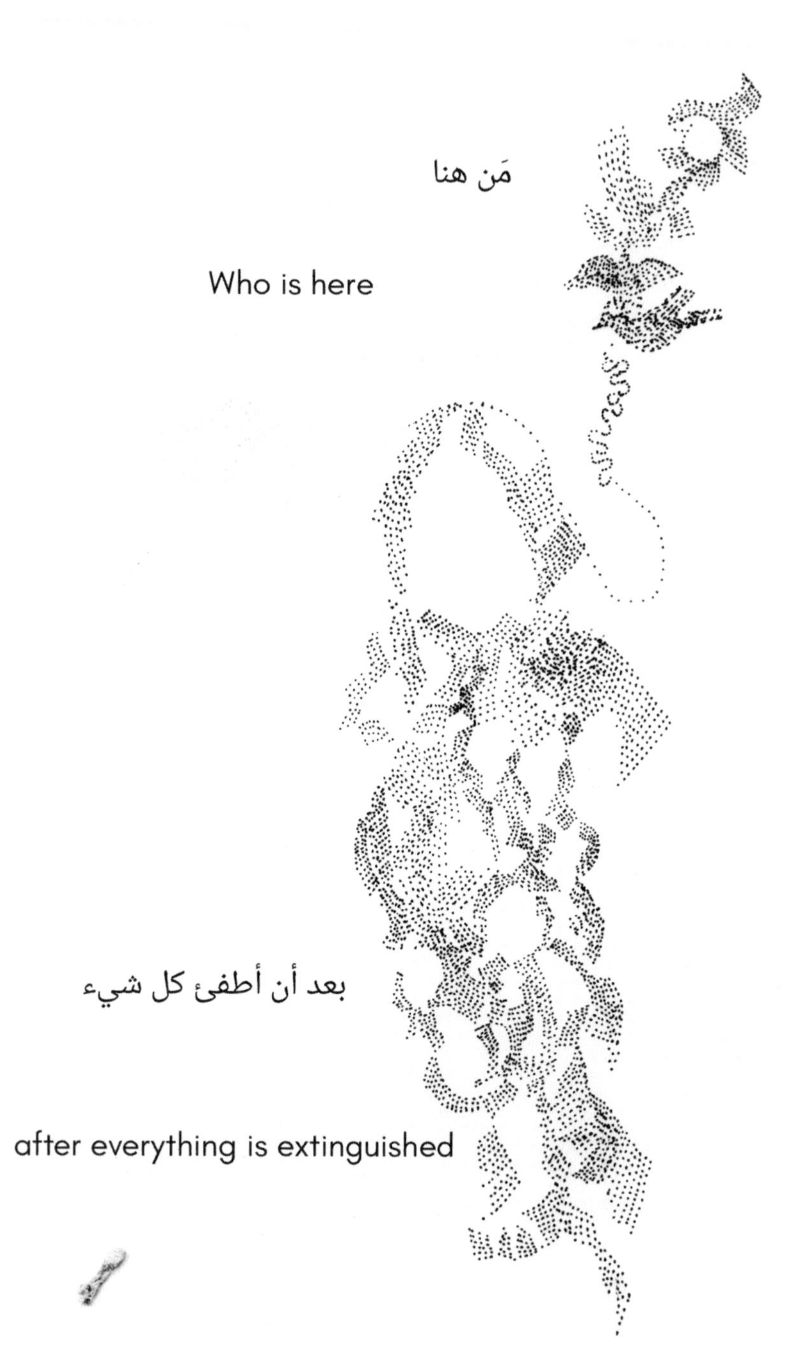
مَن هنا

Who is here

بعد أن أطفئ كل شيء

after everything is extinguished

بعد ظهر يوم في شهر شباط
نتحدث حول
معنى أن نكون في حداد دائم
كلّ يوم
كلّ   يوم
نحن في حداد
على موت آخر

One february afternoon
we speak about
what it means to be in constant mourning
every day
every   *day*
we mourn
another death

ننعي الأرض المختفية
الأفق المسلوخ
ننعي تآكل أجسادنا
ننعي ما كان يمكن أن يكون
ننعي ما قد كان
ننعي أن أجسادنا
ما عاد بإمكانها حمل الثقل بعد اليوم

we mourn the disappearing land
the severed horizon
We mourn the deterioration of our bodies
we mourn what *could* have been
we mourn what *has* been
we mourn that our bodies
can not carry the weight longer

ننعي الحقول
المرشوشة بالمبيدات السامة

ننعي آبار المياه
المسمّمة بالكيماويات السامة

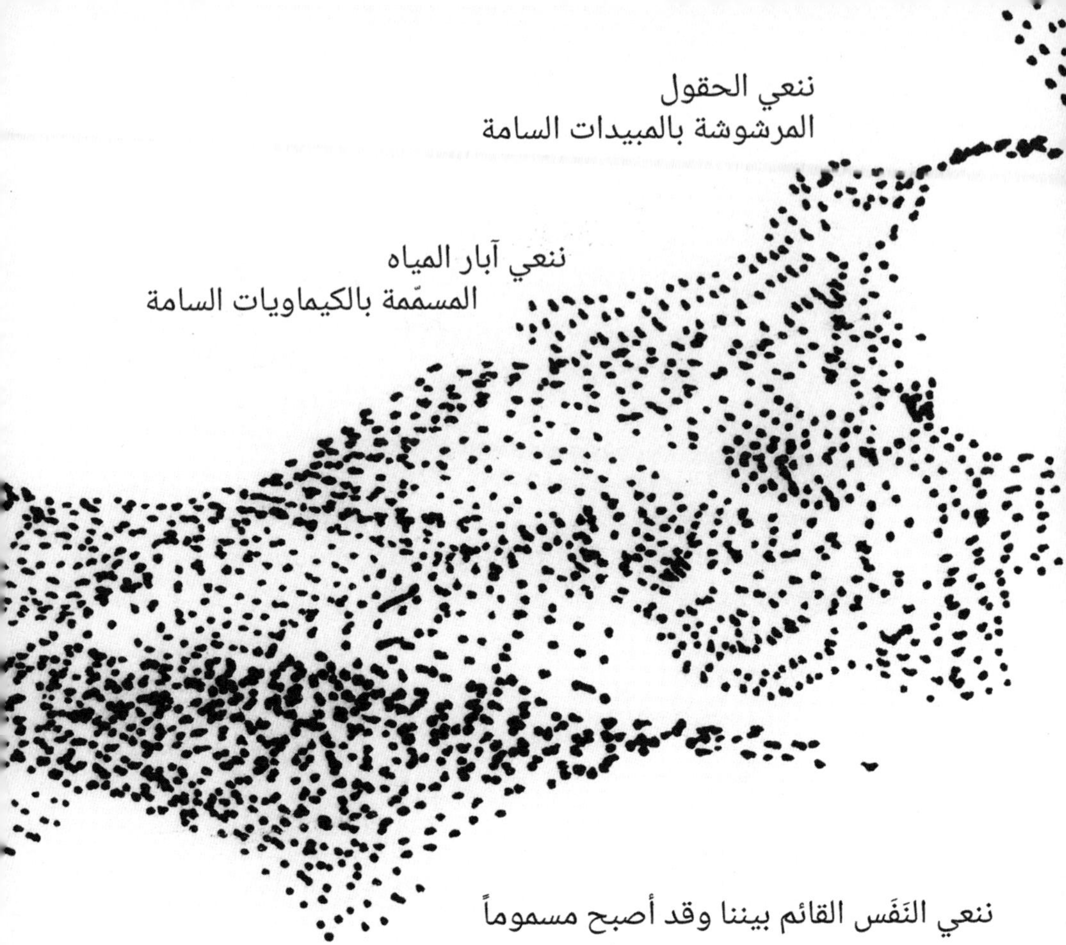

ننعي النَفَس القائم بيننا وقد أصبح مسموماً

ننعي الطرف المفقود،

العين المفقودة،

ننعي الفقدان

نجد أنفسنا في النقص

we mourn the fields
sprayed with toxic herbicides

we mourn the water wells
poisoned with toxic chemicals

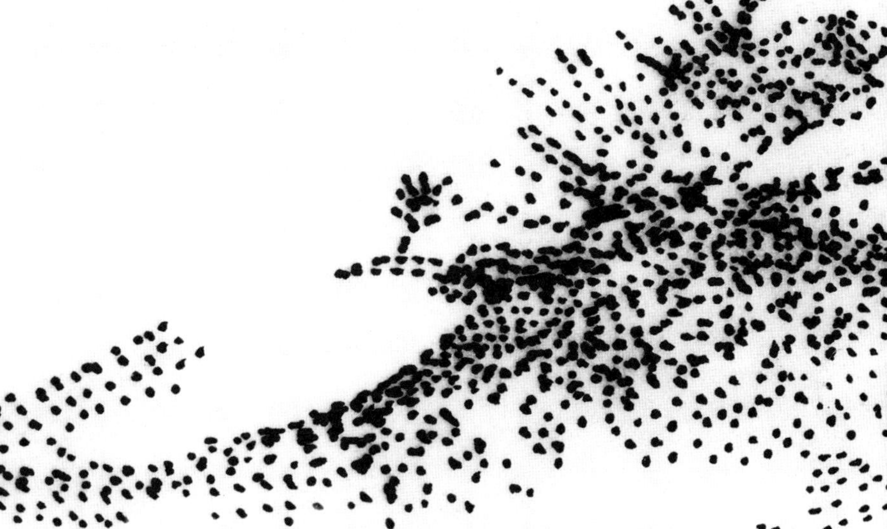

we mourn how toxic the breath between us has become

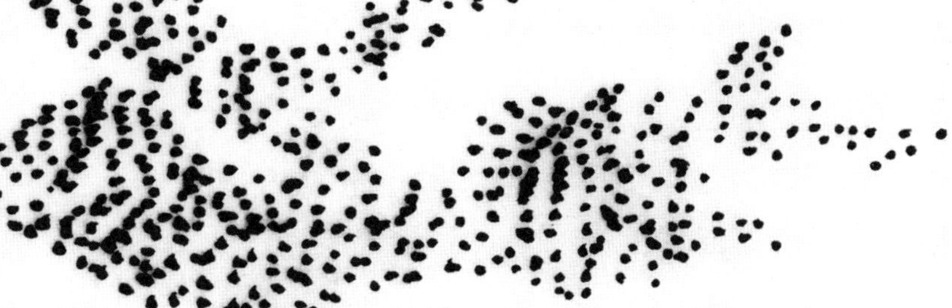

we mourn the lost limb, the lost eye,

we mourn the loss
find ourselves in the lack

في الناقص

مَن هنا

كل ما هنا هو الرجفة
جسد في ارتجاف
صوت في ارتجاف
أنا، أنت، نحن جميعاً في ارتجاف
(لو أنكِ موجودة هنا يا أدريان)

من هنا

نَفَسي

مقطوع

ومنهك

منذ سنوات

وأنا أفكّر كيف

يمكننا التنفس

حيث لا نستطيع أن نتنفس

كيف نبقى على قيد الحياة

حينما   كان علينا أن نموت

Who is here

It's all tremble
                    a body in tremble
a voice in tremble
I am, you are, we are all tremble
(if only you were here now adrienne)

Who is here

My breath is
short
and
tired
for years now
thinking how to
breathe
where one
can't
breathe
how to survive
where
when   we should have died

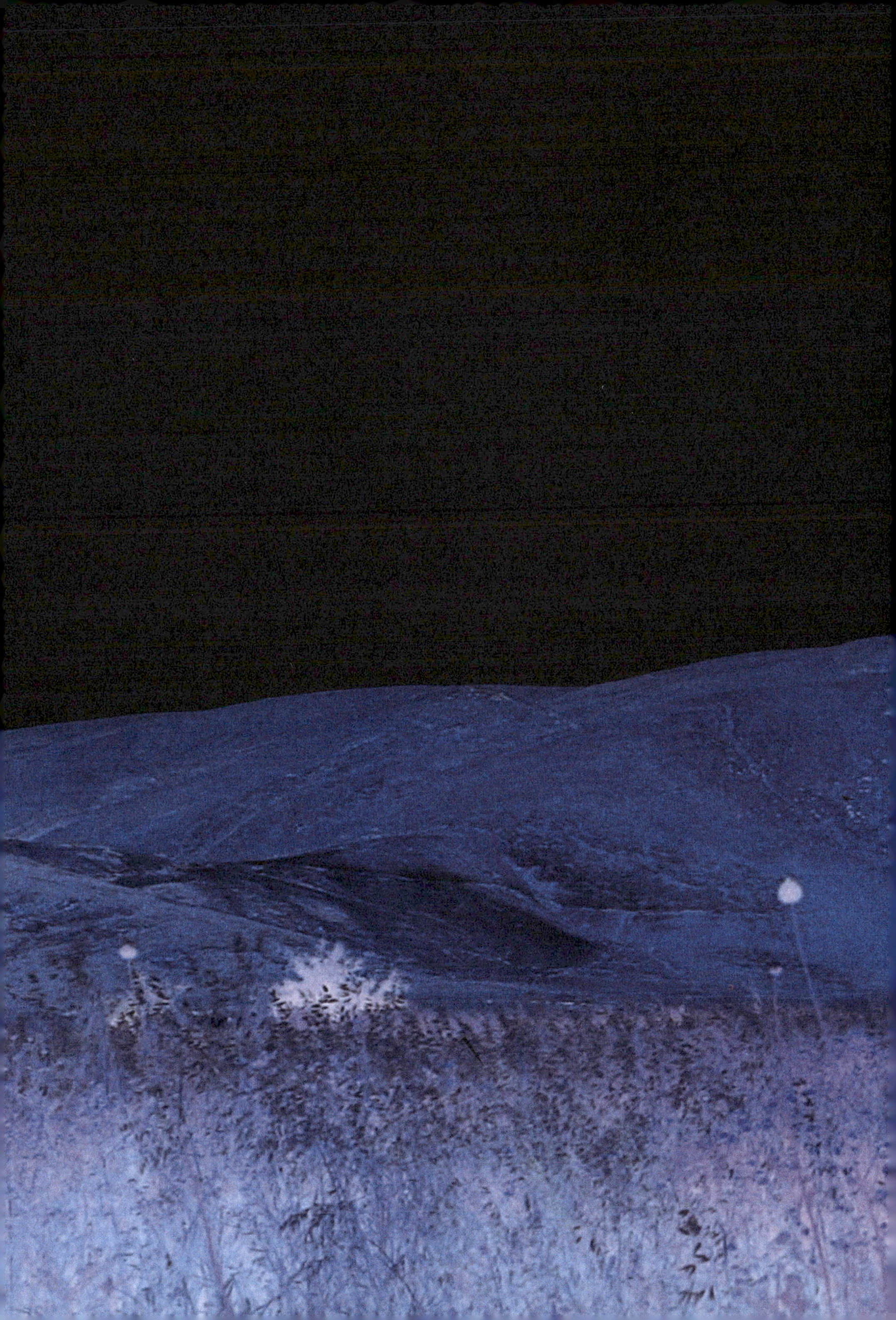

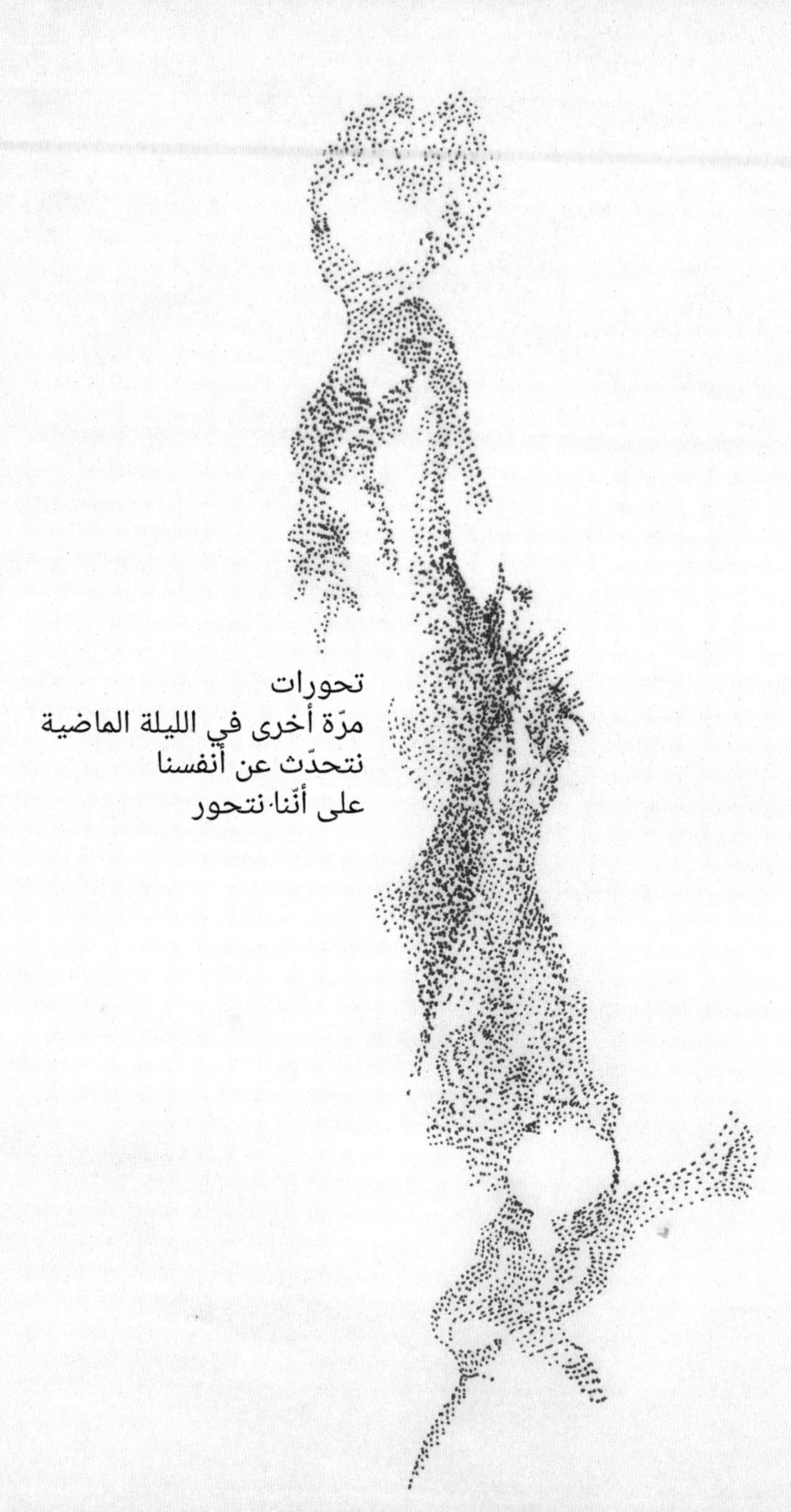
تحورات
مرّة أخرى في الليلة الماضية
نتحدّث عن أنفسنا
على أنّنا نتحور

Mutations
last night again
we talk about ourselves
as mutating

علماً بأنه
في التحور
في التلوث
في الناقص

هو حيث هم يتفككون

ولكن ها أنا مرّة أخرى مستنفَذ(ة)
مرّة أخرى هنا
بعد ما تمّ

إستخراج واستنفاذ

كل شيء

knowing that
in mutation
in contamination
in the negative

is where *they* come undone

but then again I am exhausted
here again
after everything is
                    extracted

                  and *exhausted*

علماً بأنه
في التحور
في التلوث
في الناقص
هو حيث هم يتفككون

Knowing that
in mutation
in contamination
in the negative

is where they come undone

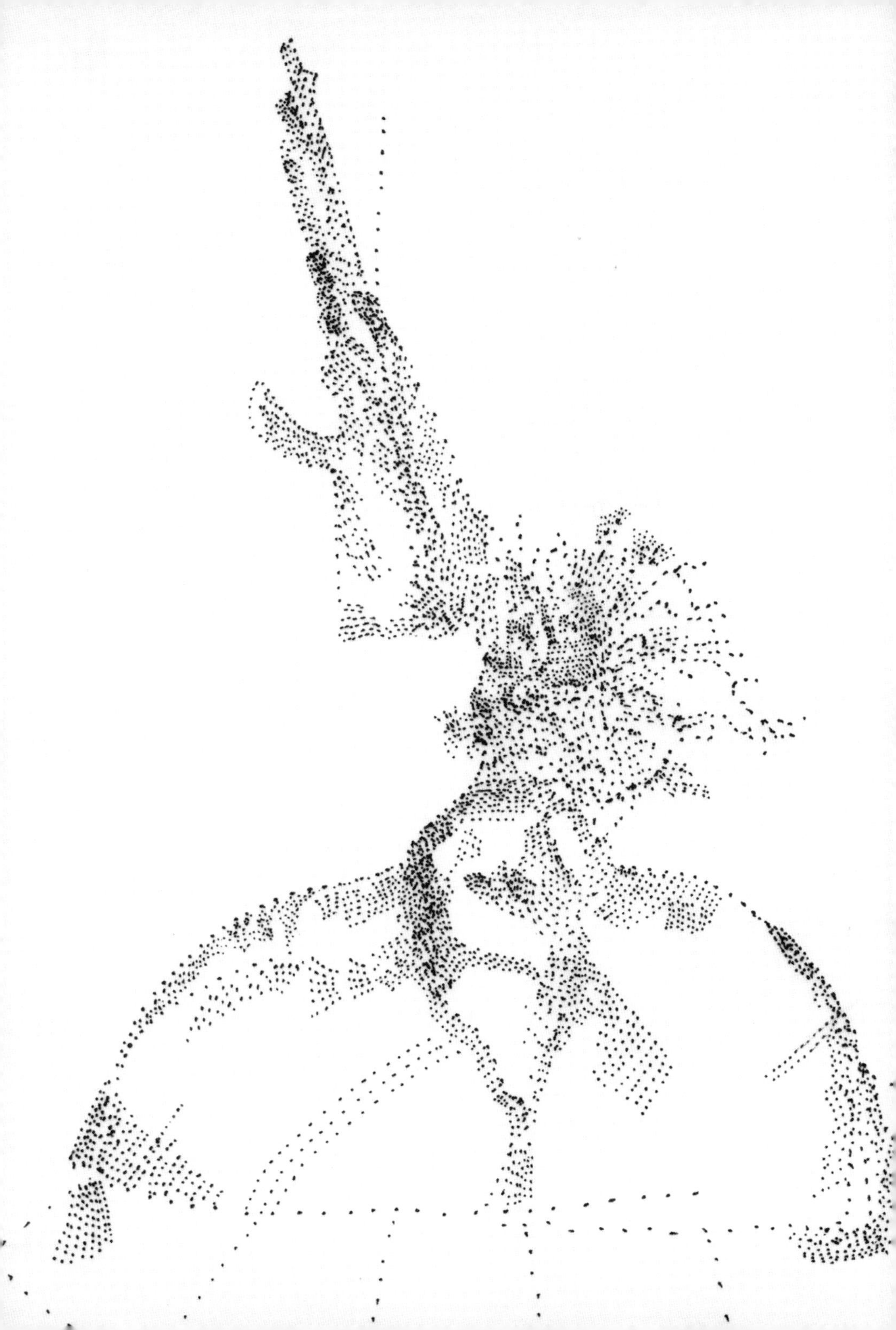

مَن هنا

Who is here

نحبس أنفاسنا

نحبس

نحبس

ونتمسّك

We hold breath

we hold

we hold

we hold on

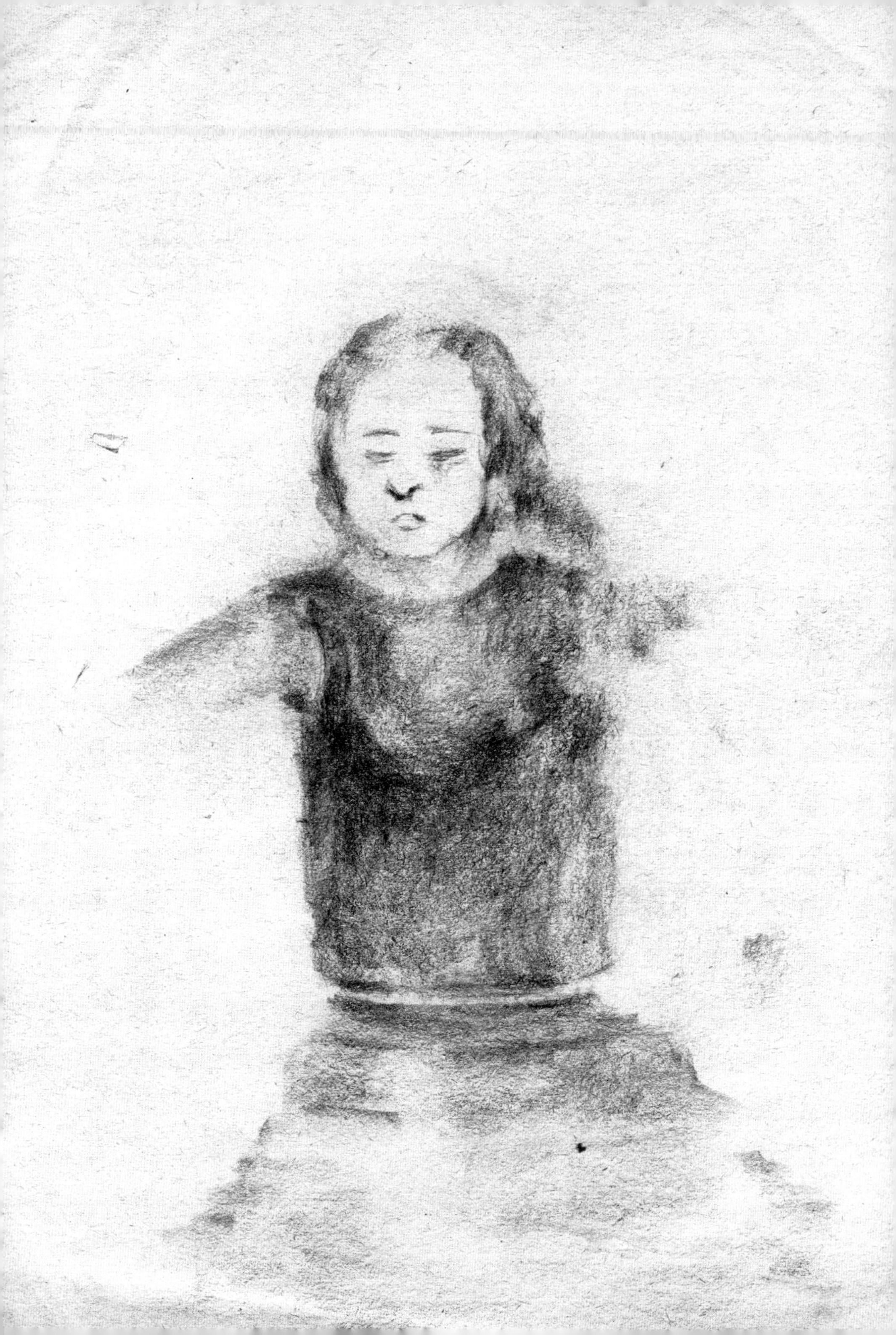

وننعي
مرّة أخرى
وأخرى
أرضاً تتلاشى

And we mourn
again
again
a land that is vanishing

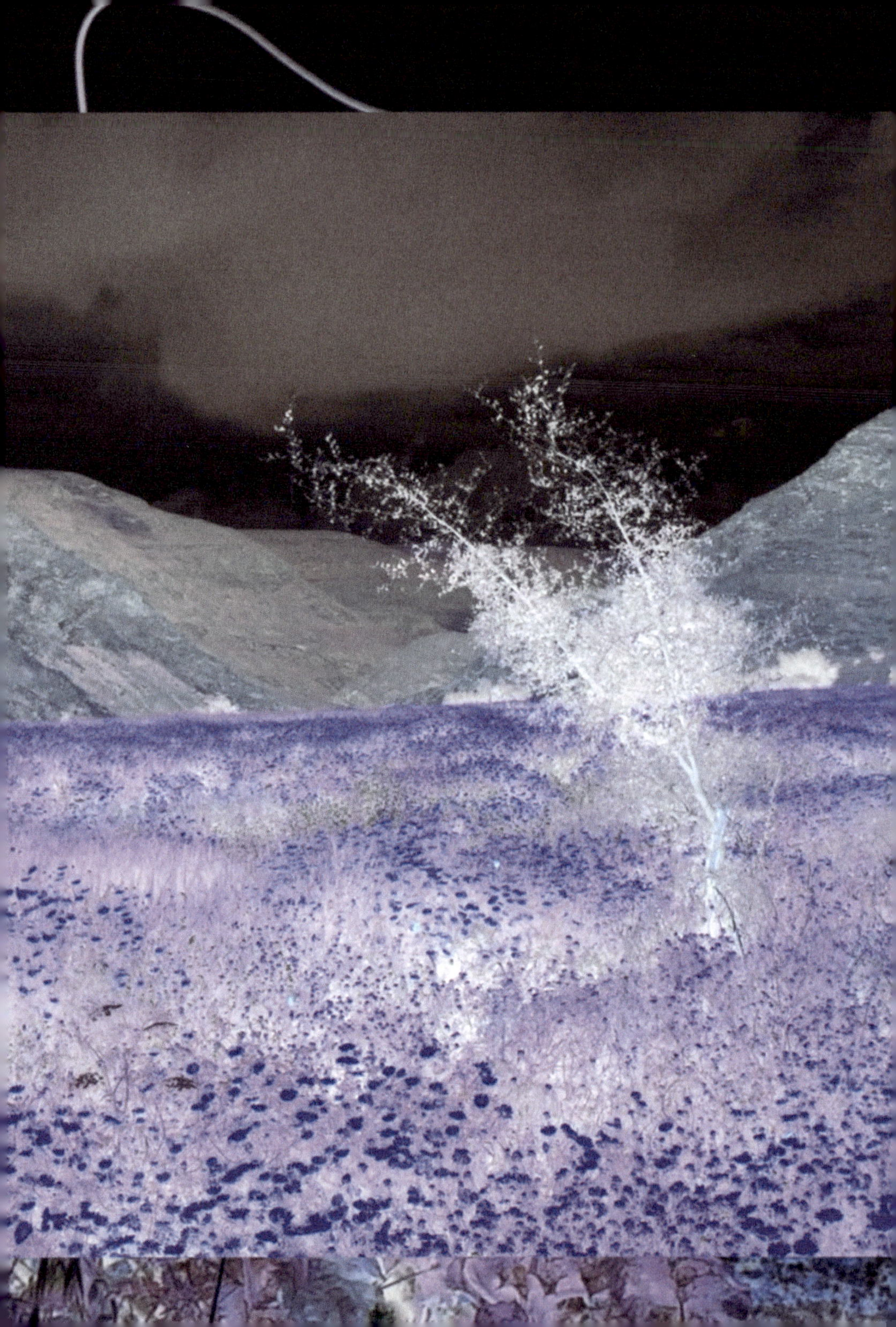

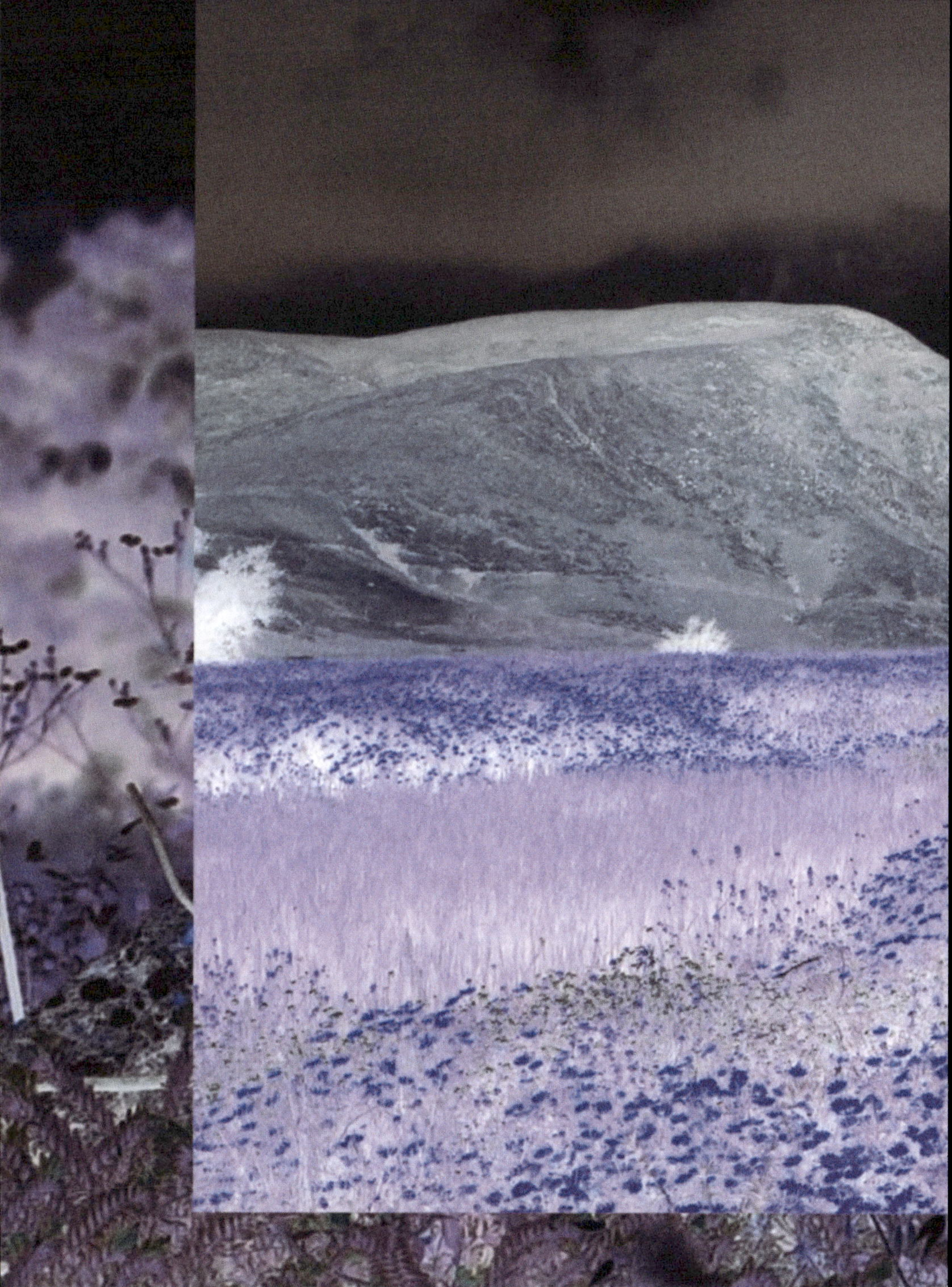

الساعة ٦ مساءً
مجدل، البحر الميت
نهاية اليوم
في الأزرق الداكن
البحر في الاسفل
تبدأ اللحن
صوتها ينكسر
عصفور ثم آخر
يحط على حجر بجانبها
و يصدح بالغناء

6 pm
Majdal, the dead sea
day end in dark blue
the sea below us
her voice cracks
she begins the melody
a bird and then another
rest on a stone next to her
begin to sing

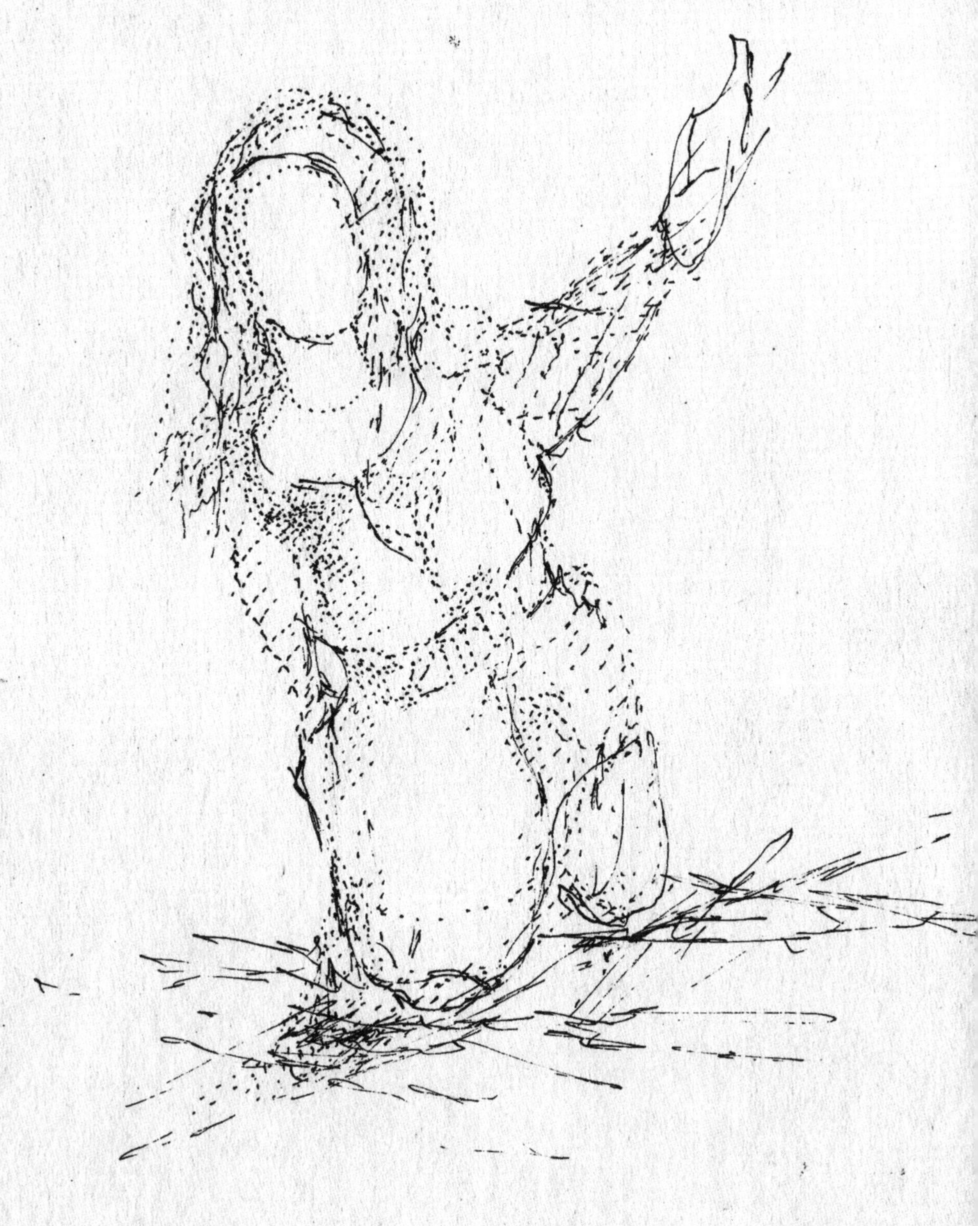

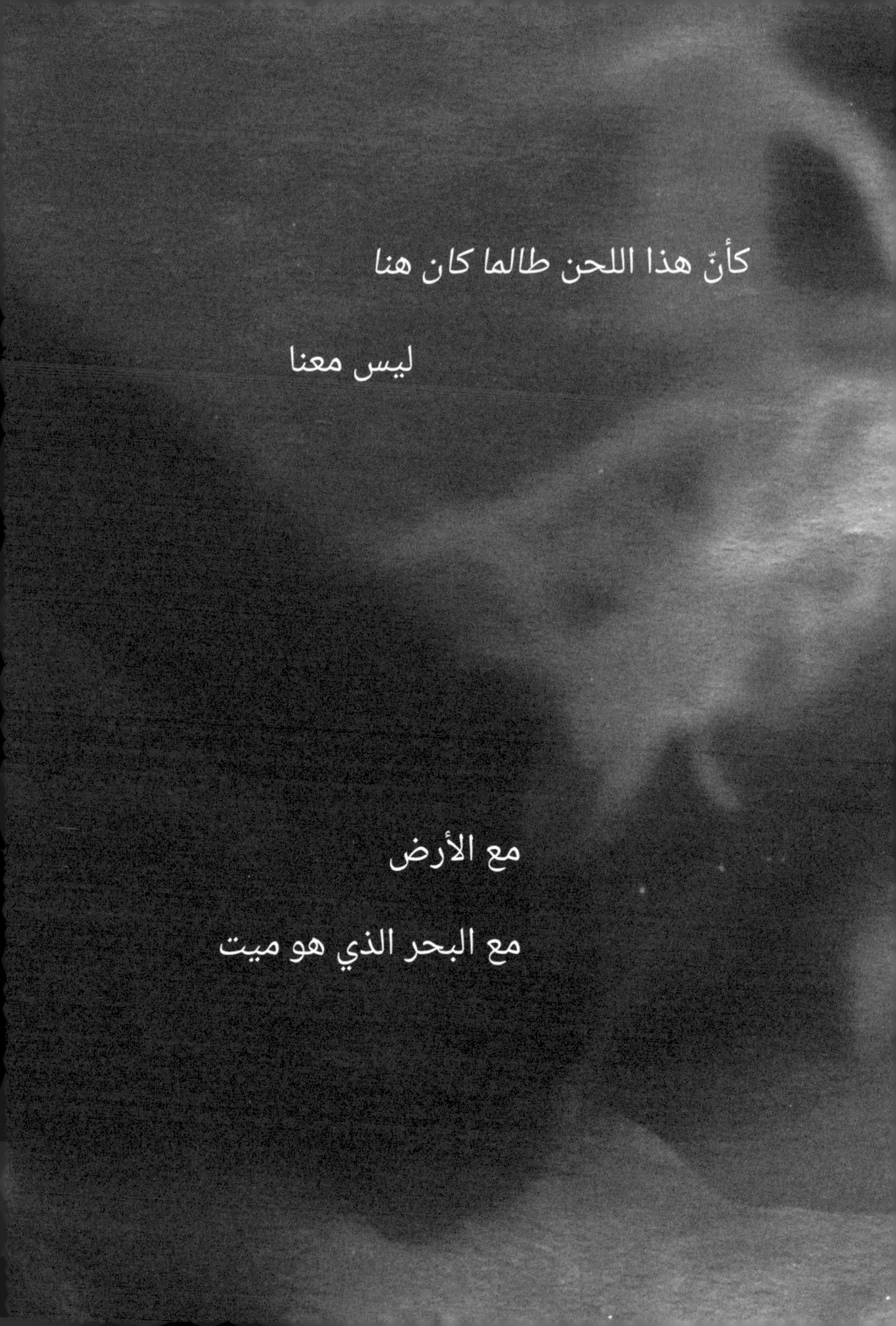

كأنّ هذا اللحن طالما كان هنا

ليس معنا

مع الأرض

مع البحر الذي هو ميت

as though this melody

        has always been here

not with us
      with the land
and the sea that is *dead*

في أرض قاحلة
قالوا إنها سيئة
والريح تهبّ
فيما تتحرّك ذراعها إلى الأعلى ثم تعود
نحو صدرها
وهي تكاد تنكسر تحت وطأة هذه الحركة
فقد وصلت من بغداد قبل ثلاثين سنة
إلى هنا عند البحر الذي هو ميت
في هذا اليوم المنتهي بالأزرق الداكن

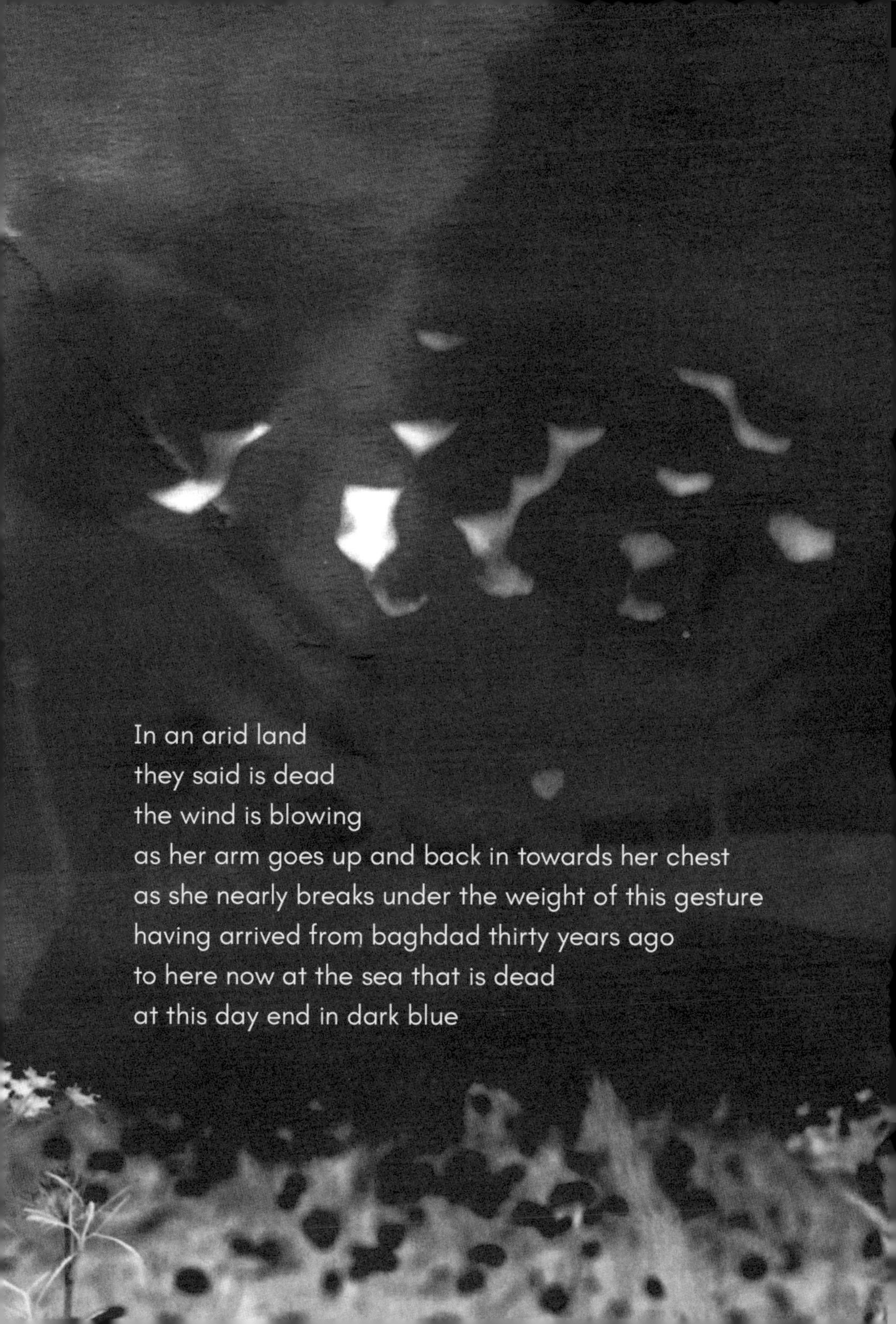

In an arid land
they said is dead
the wind is blowing
as her arm goes up and back in towards her chest
as she nearly breaks under the weight of this gesture
having arrived from baghdad thirty years ago
to here now at the sea that is dead
at this day end in dark blue

تهبّ الرياح بشدة
مع كلّ نَفس
كأنّ مسام
هذا البحر الذي أسموه ميتاً كما هذه الأرض
تبثّ
أزمنة وأنفاساً لا نعرف عنها
شيئاً
ولكن هنا، في تمام السابعة مساءً
نشعر
برجفة
تطلق نَفَسنا
تطلقنا
لبضع ساعات، أيام، دقائق
قبل أن نصارع من جديد
لالتقاط نَفَسنا

The wind blows harder
with every breath
as though the pores
of this sea and land they called dead
are transmitting
times and breaths we don't know
anything about
But here, closing at 7 pm
we feel
a tremble
that releases our breath
releases us
for a few hours, days, minutes
before we are again struggling
to catch breath

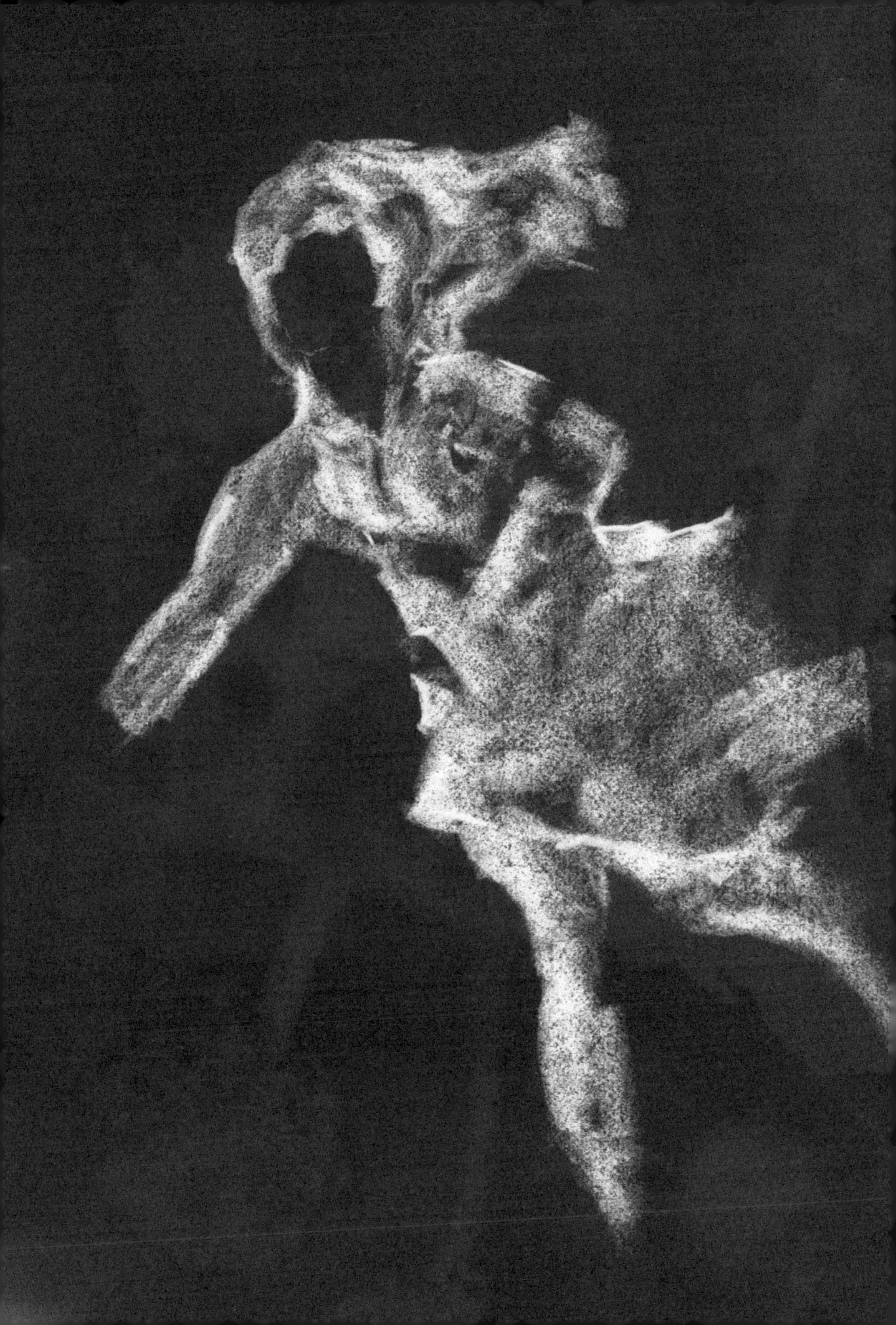

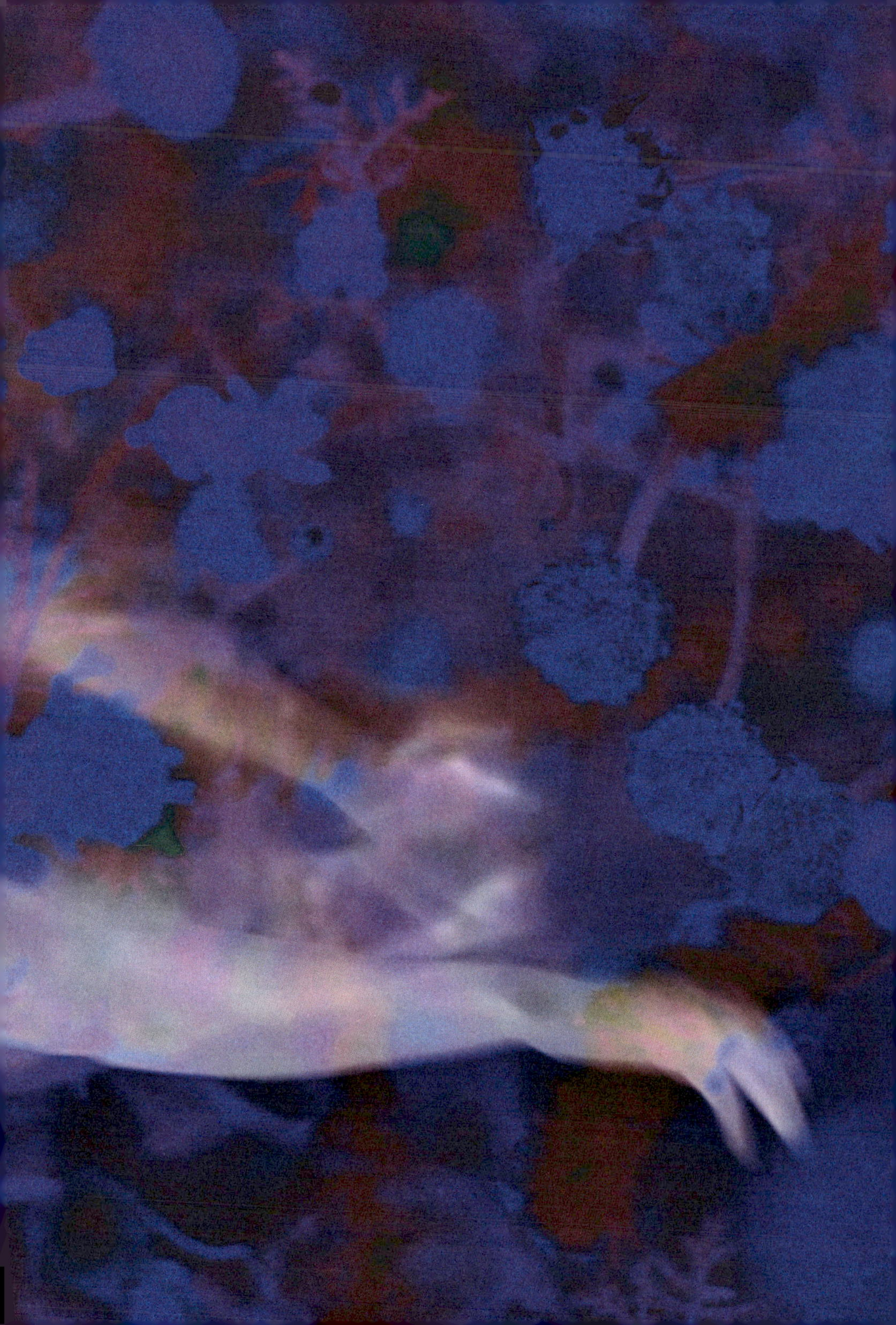

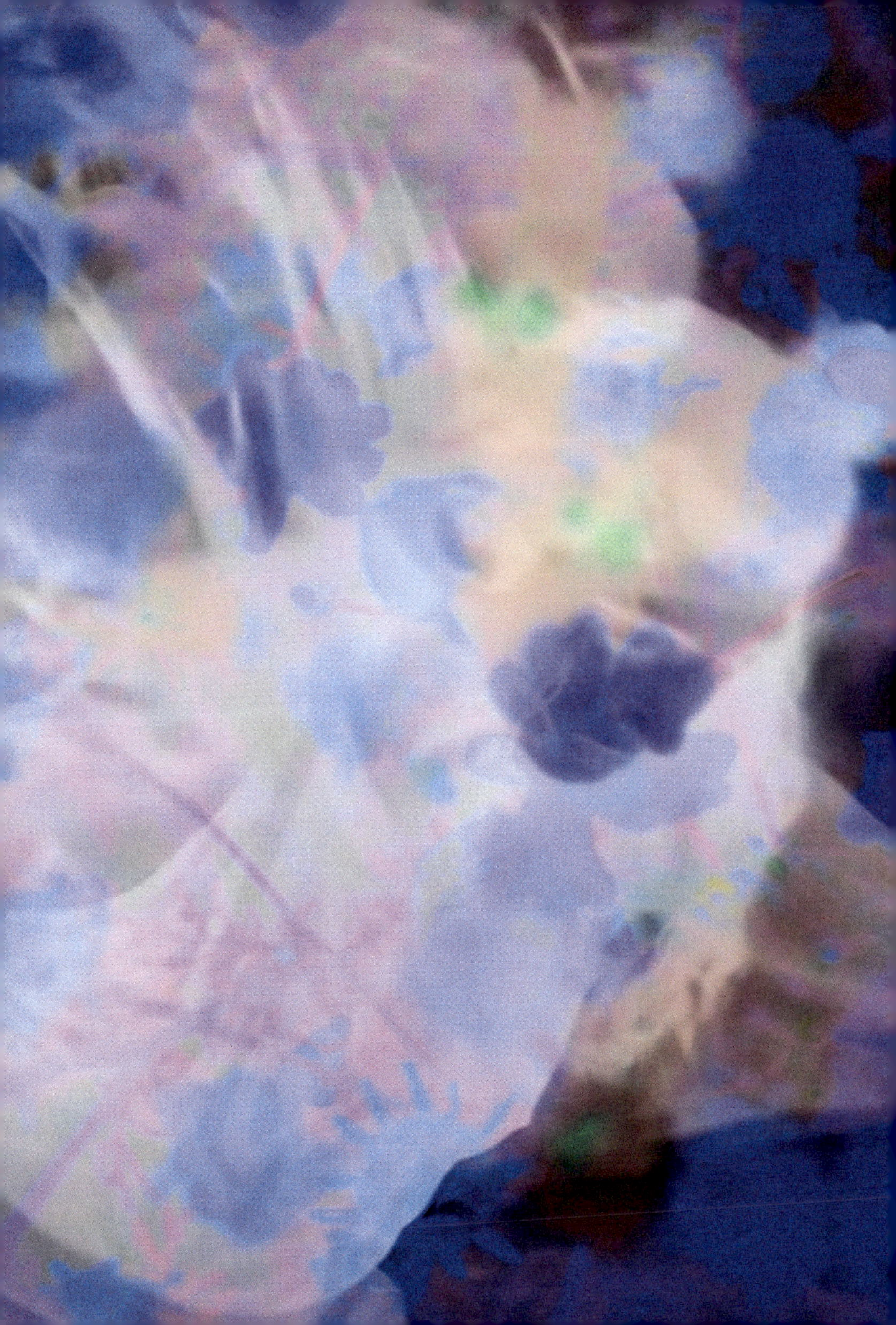

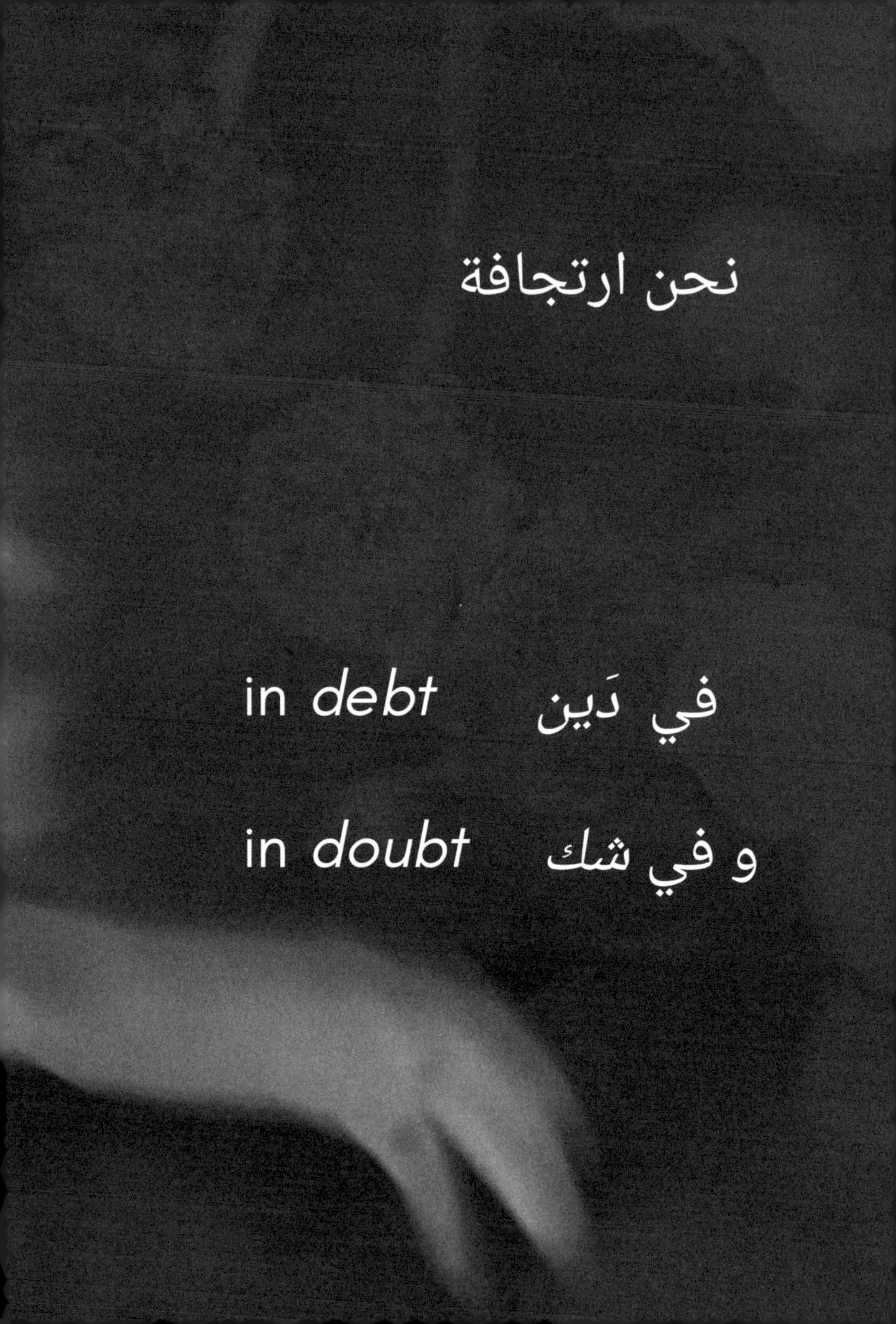

نحن ارتجافة

في دَين   in debt

و في شك   in doubt

We are tremble

and

الخامسة مساءً نعرض الشريط الأخير لليوم
رجل مسنَ يجلس على الأرض
ينحني منتحباً
والحجة بجانبه تبكي

الخامسة صباحاً
فلسطين
نيسان
جلمود في الظلام ينظر
إلى حيث الضوء على وشك أن يشقَّ السماء
اسمع مياه العين
تلك العين التي يسرقها المستوطنون
أتخيل أن قريباً
سيصبح وجودنا في كل هذه المنطقة
في خطر
بعد أن يستولوا عليها كاملة
ولكن هنا الان
أشاهده وهو يشاهد الصبح يشقَّ السماء

5pm we play the last video
an old man sits on the floor
leaning in lament
the hajeh next to him cries

5 am
Palestine
April
Julmud in the dark looks out
To where the light is about to break
I hear the water
From the ein
the one the settlers are stealing
I imagine that soon this whole area
will be dangerous for us to be in
after they have taken it all
But here now
I watch him watching the light break

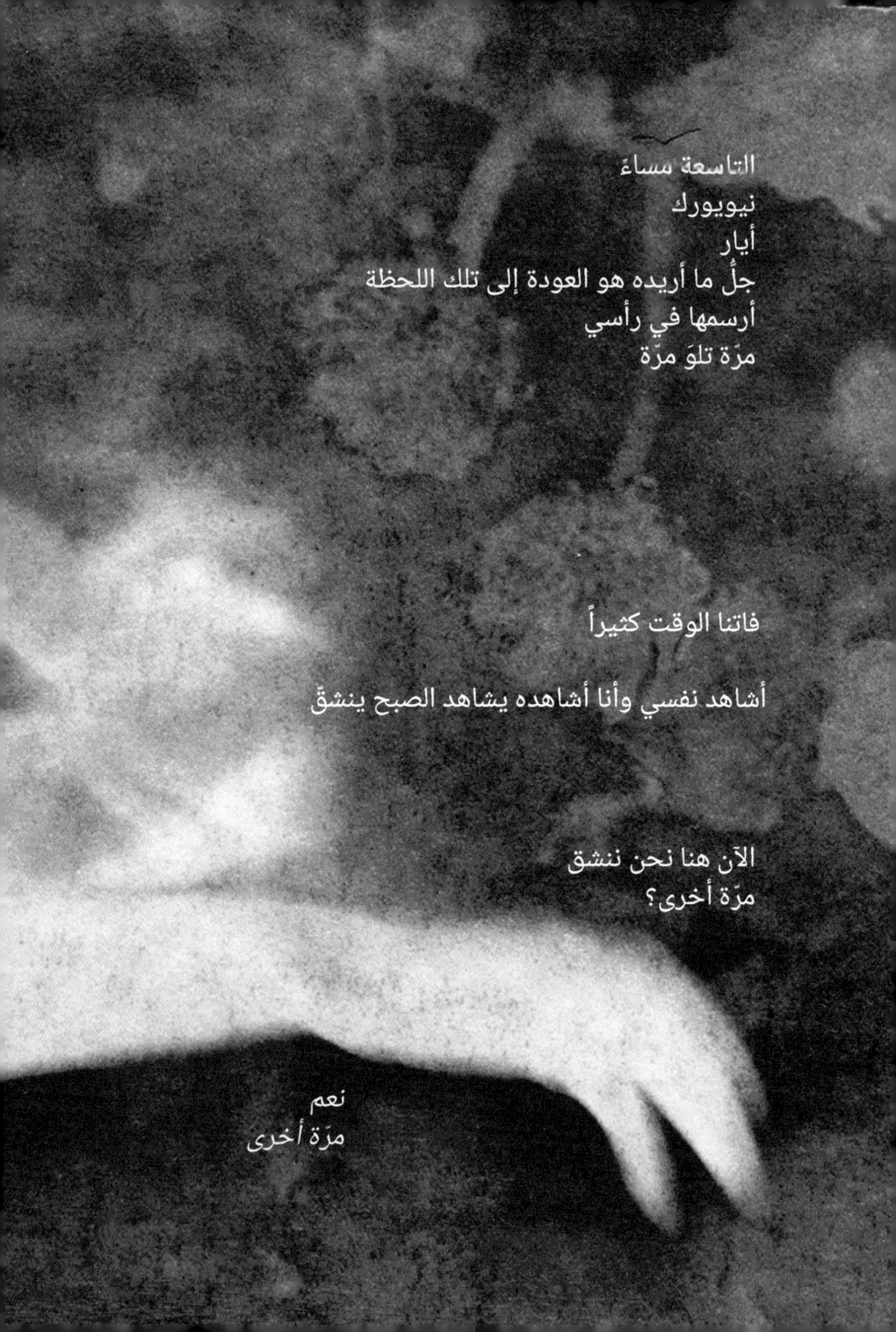

التاسعة مساءً
نيويورك
أيار
جلُّ ما أريده هو العودة إلى تلك اللحظة
أرسمها في رأسي
مرّة تلوَ مرّة

فاتنا الوقت كثيراً

أشاهد نفسي وأنا أشاهده يشاهد الصبح ينشقّ

الآن هنا نحن ننشق
مرّة أخرى؟

نعم
مرّة أخرى

9pm
New York
May
All I want is to return to that moment
I sketch it out in my head
again and again

it's too late

I watch myself watching him watching the light breaking

now here, we are breaking

again?

Yes
Again

جسدي يخونني

ماذا بشأن جسدك؟

My body fails me

and yours?

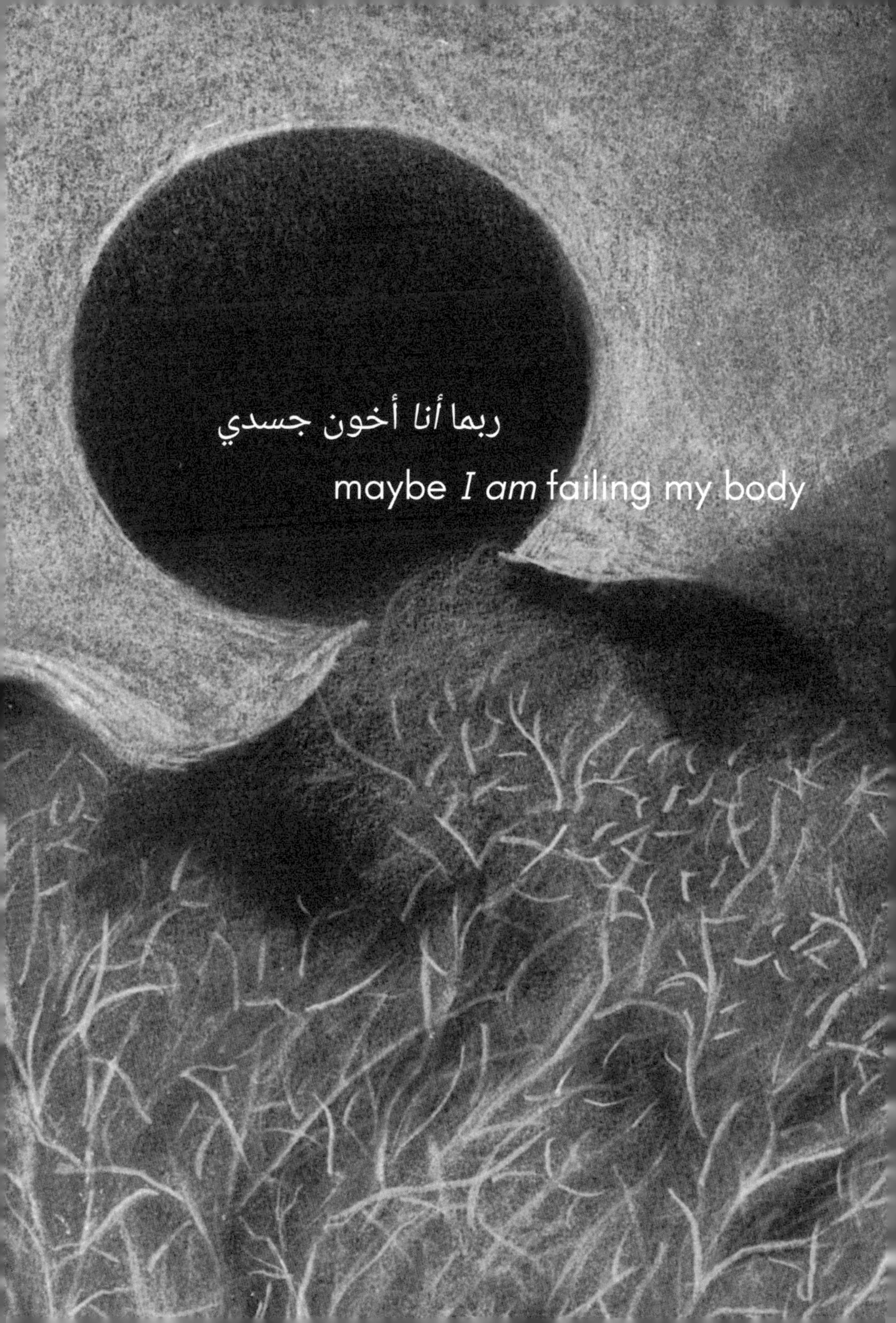
ربما أنا أخون جسدي

maybe *I am* failing my body

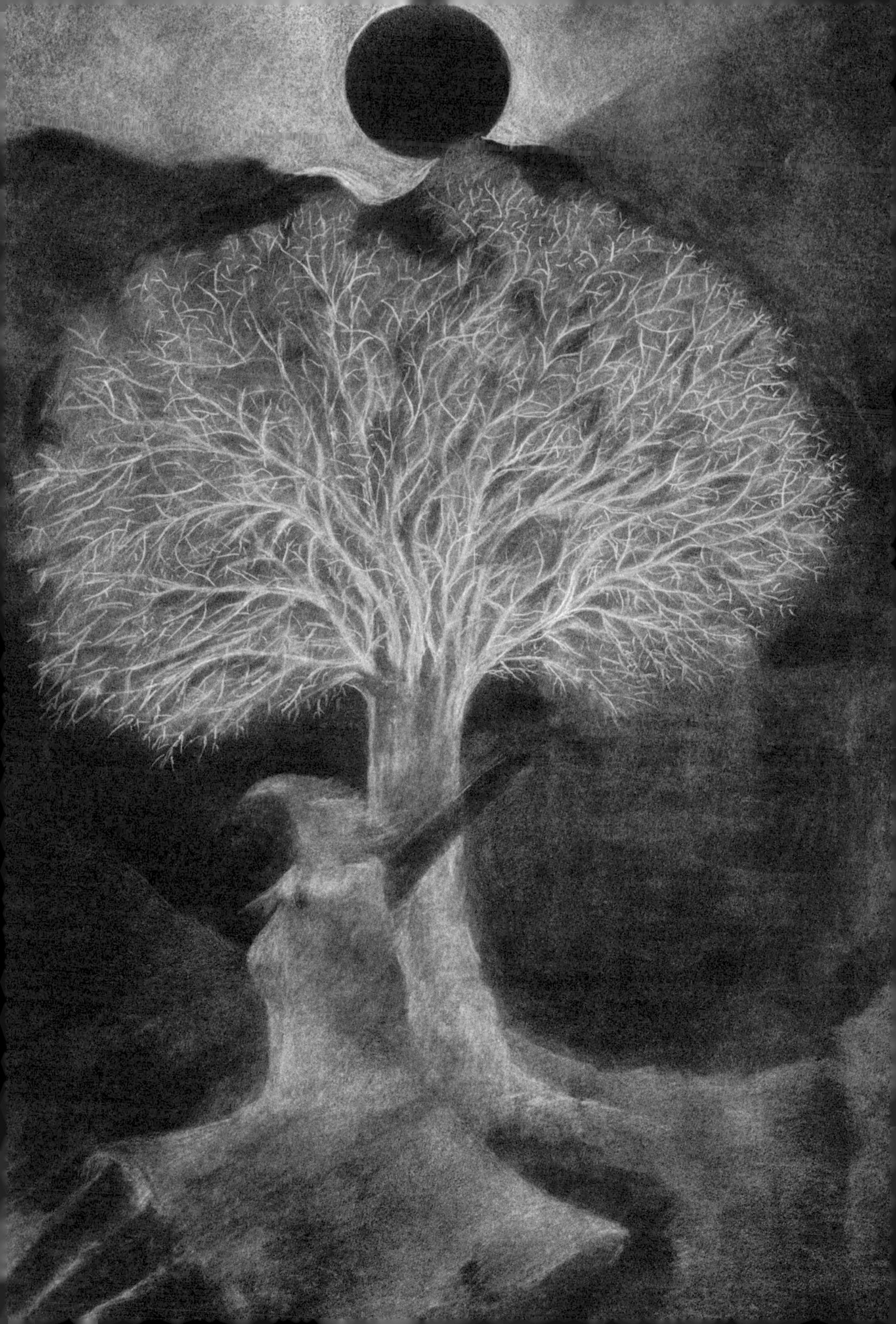

ولكنّني أعرف
أنّه يتذكّر
ما أحاول نسيانه

يمسك
بما جرى محوه

But I know
it remembers
what I try to forget

holds
what has been erased

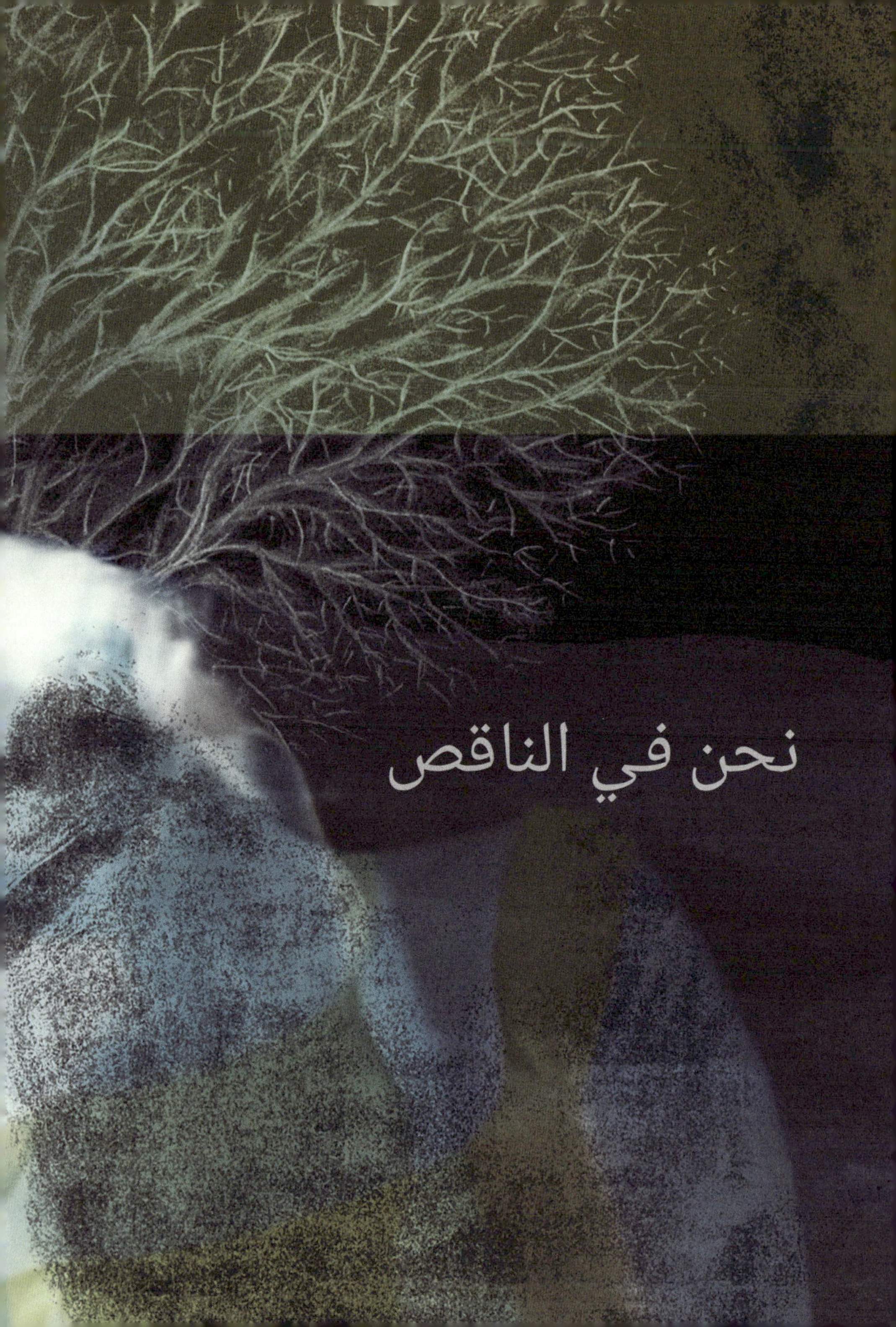

نحن في الناقص

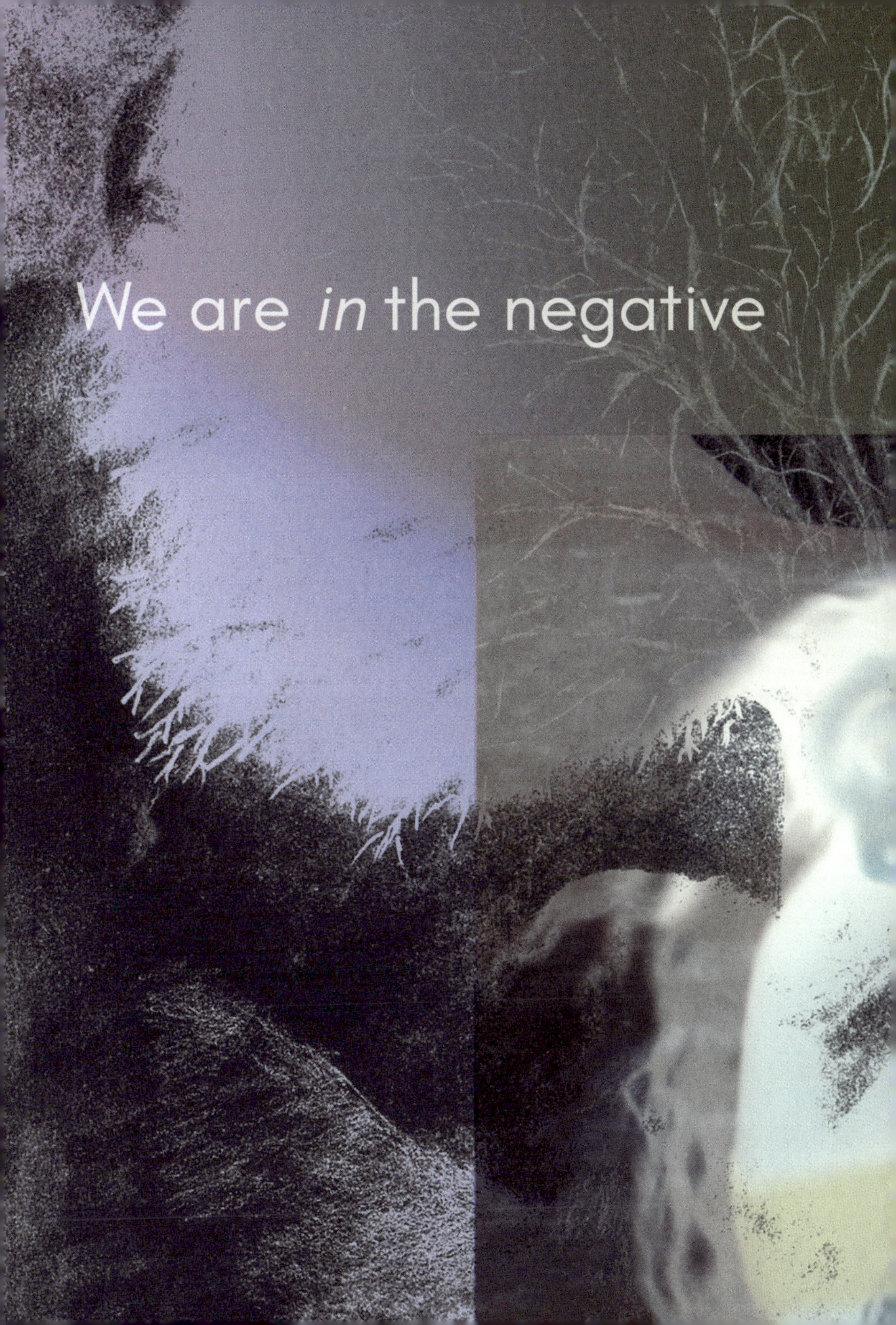
We are *in* the negative

(كُلّ)

the negative

(No)
We are

نحن الناقص

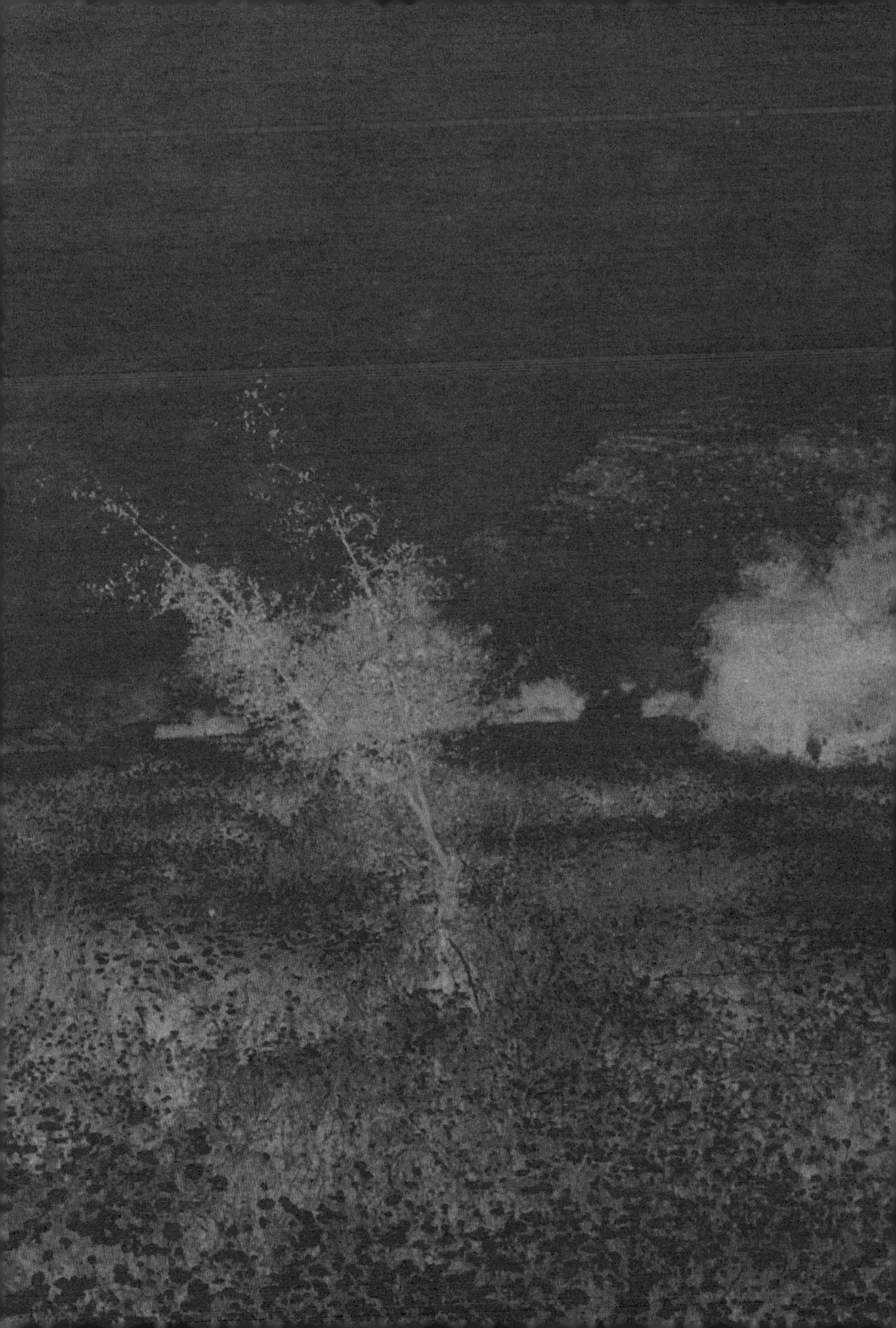

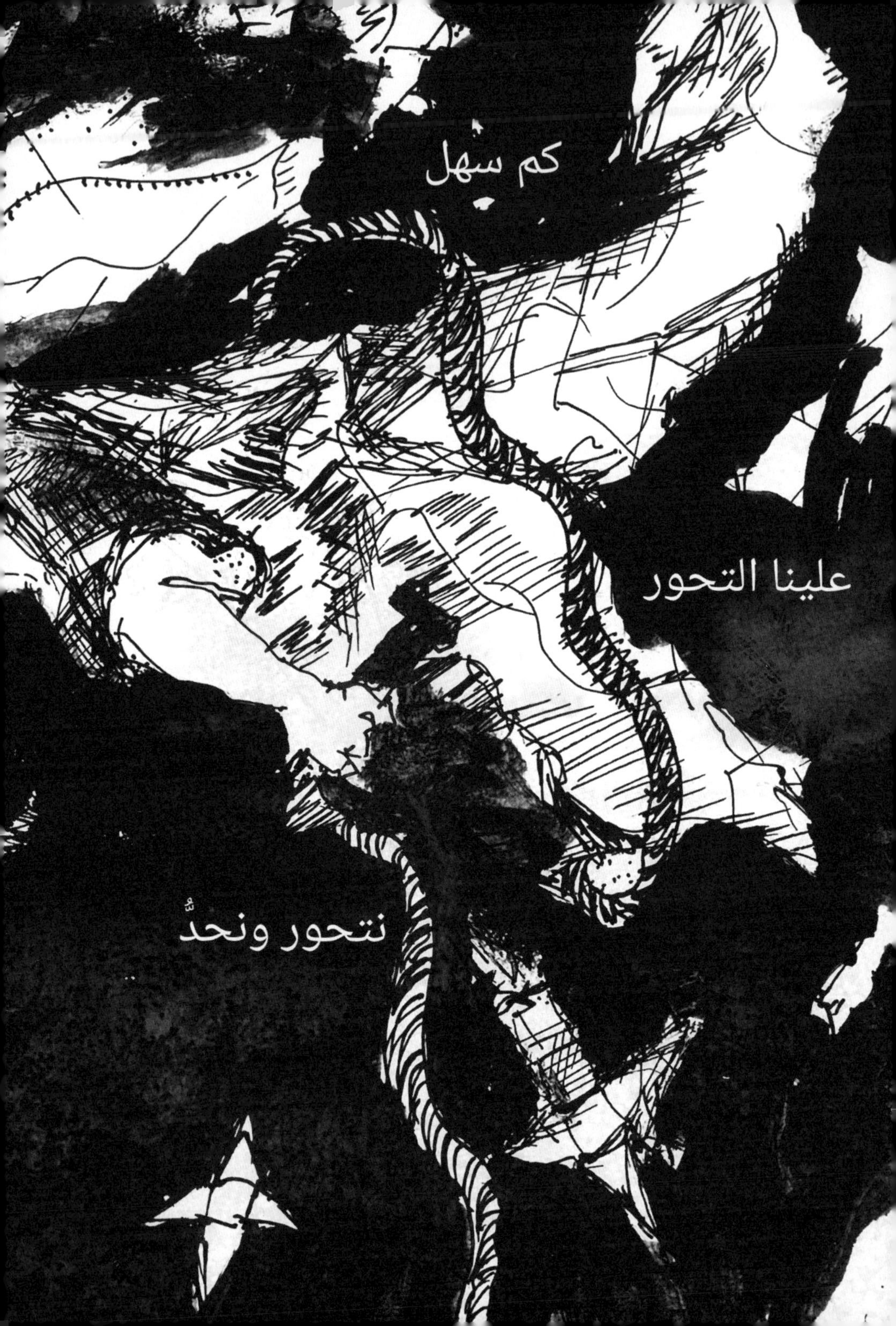

كم سهل
علينا التحور
نتحور ونحدُّ

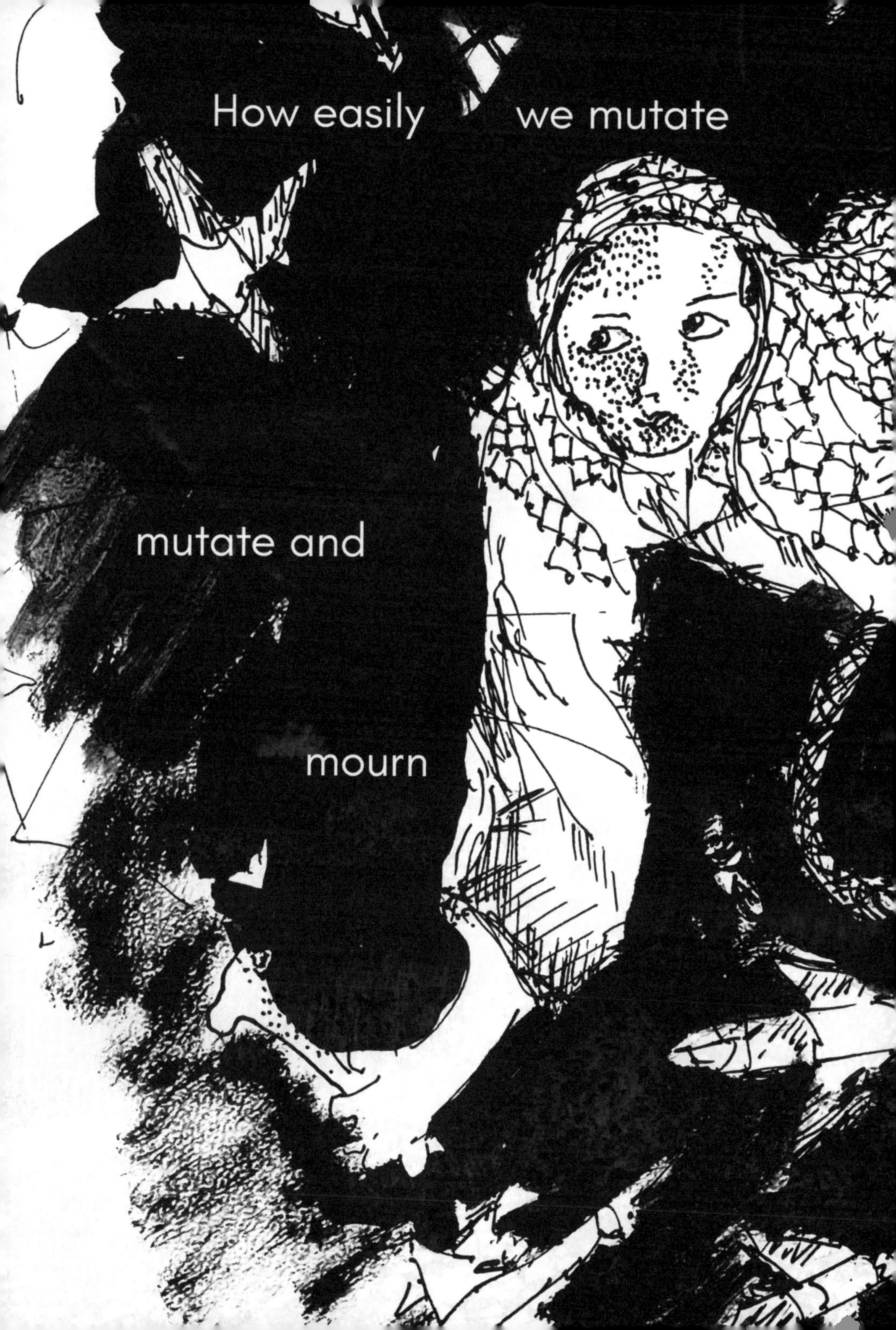

How easily   we mutate
mutate and
mourn

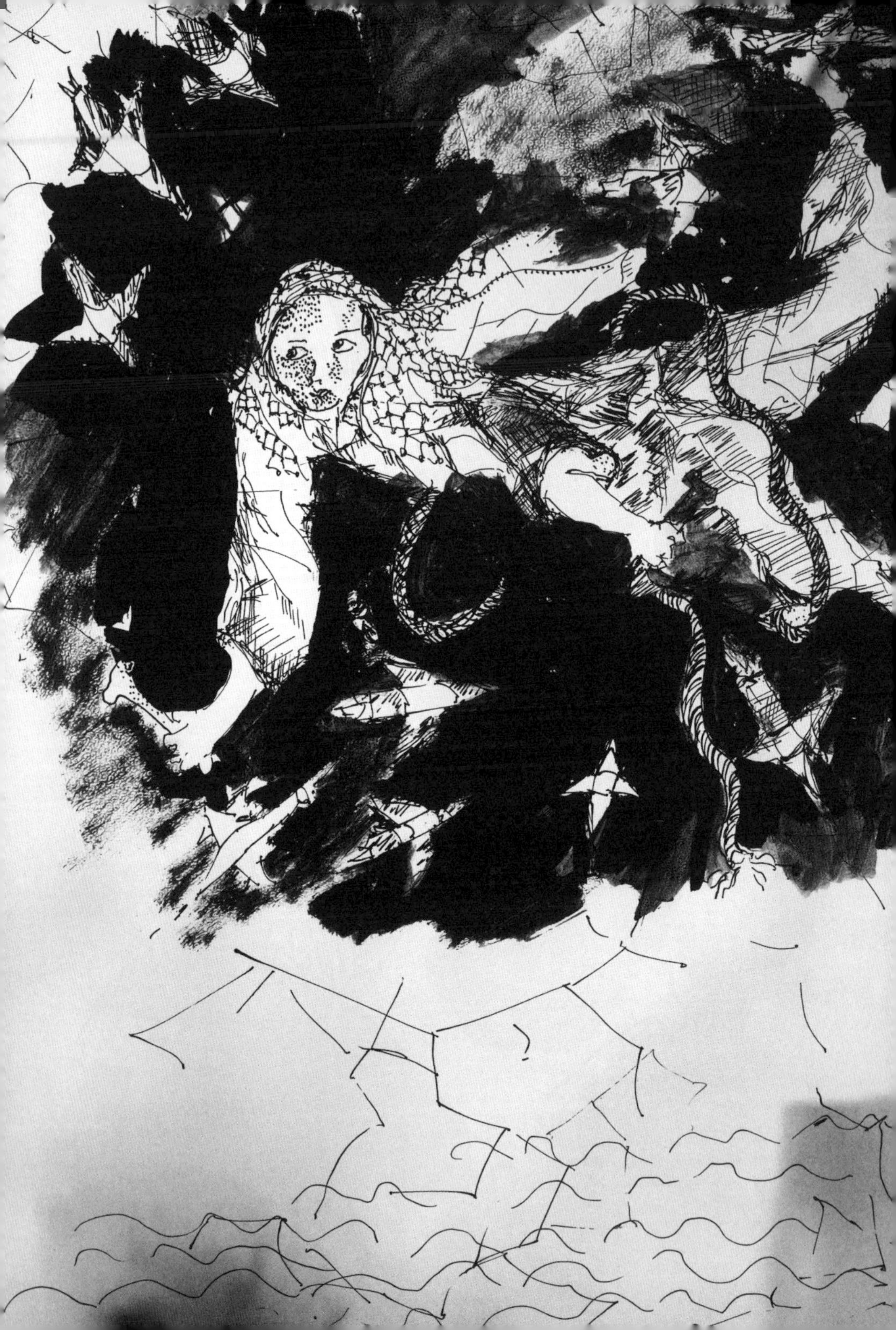

6:40 pm May 28, 2020
New York
Low clouds hang
This country is on fire
Some things need to burn

٦:٤٠ مساءً، ٢٨ أيار، ٢٠٢٠
نيويورك
ثمّة غيوم منخفضة
هذه البلاد تحترق
بعض الأشياء يجب أن تحترق

1:40 am
Palestine
I know the land is scorched
still its voice
nearly breaking
hums
how many times have we died
how many afterlives have we lived

١:٤٠ صباحاً
فلسطين
أعرف أنَّ الأرض محروقة
ما زال صوتها
الذي يكاد ينكسر
يرنم
كم مرّة متنا
كم حياة آخرة حَيينا

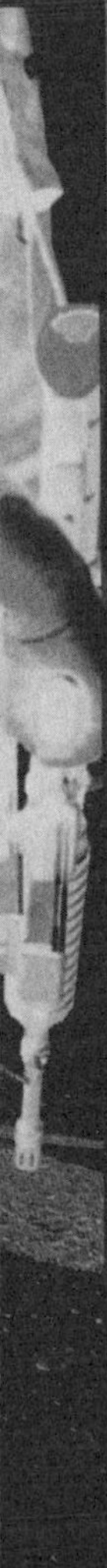

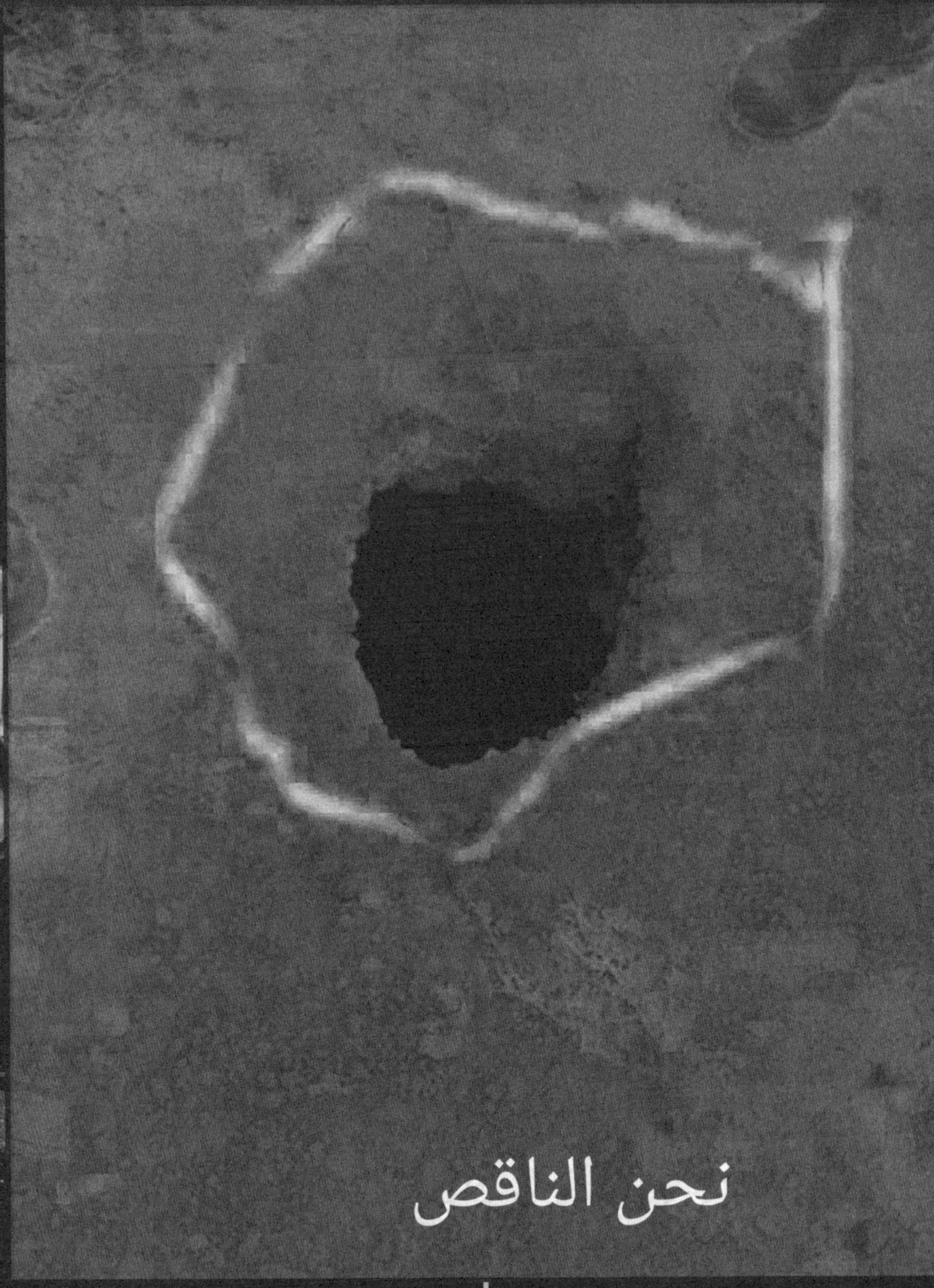

نحن الناقص
we are the negative

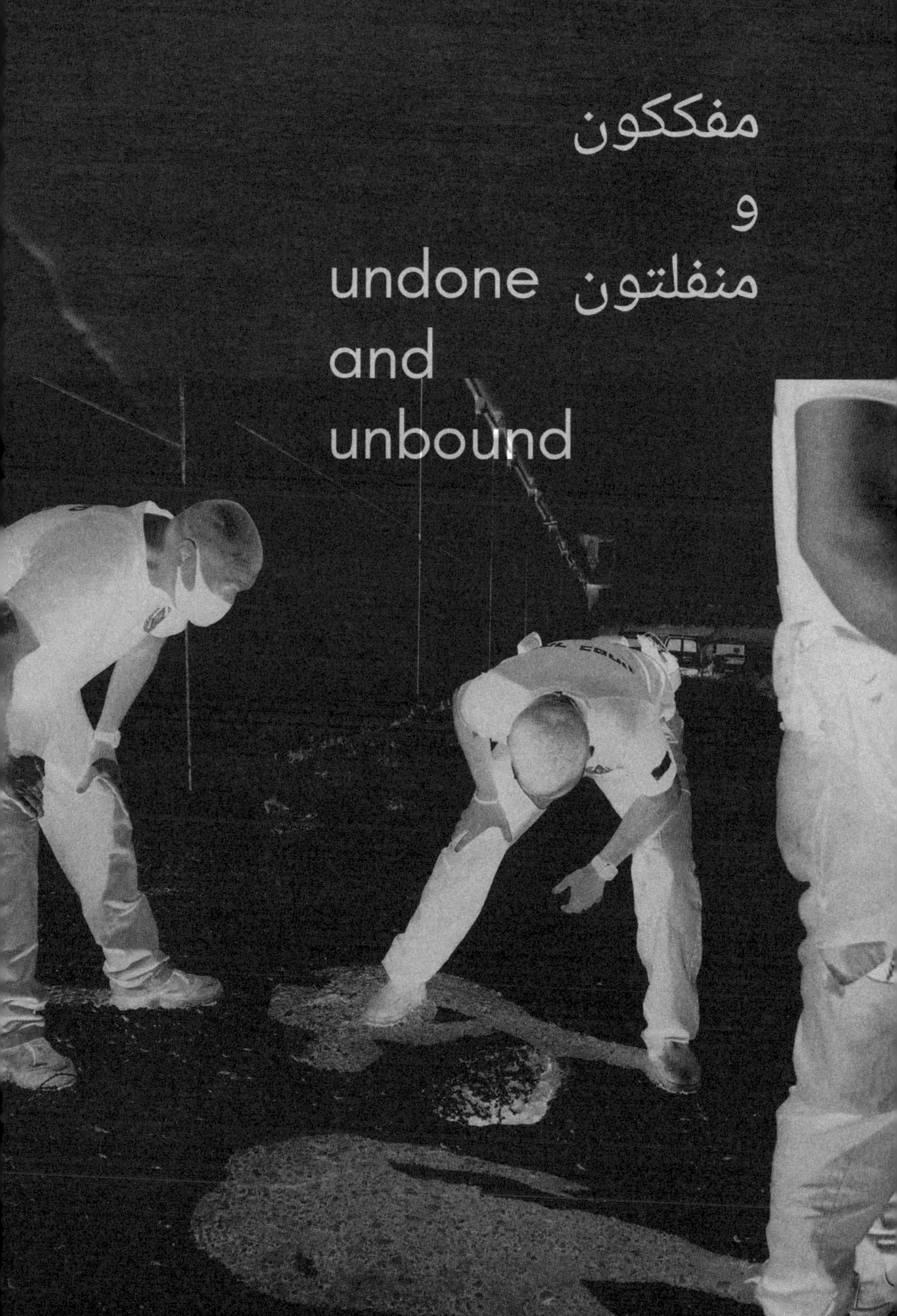

مفككون
و
منفلتون
undone
and
unbound

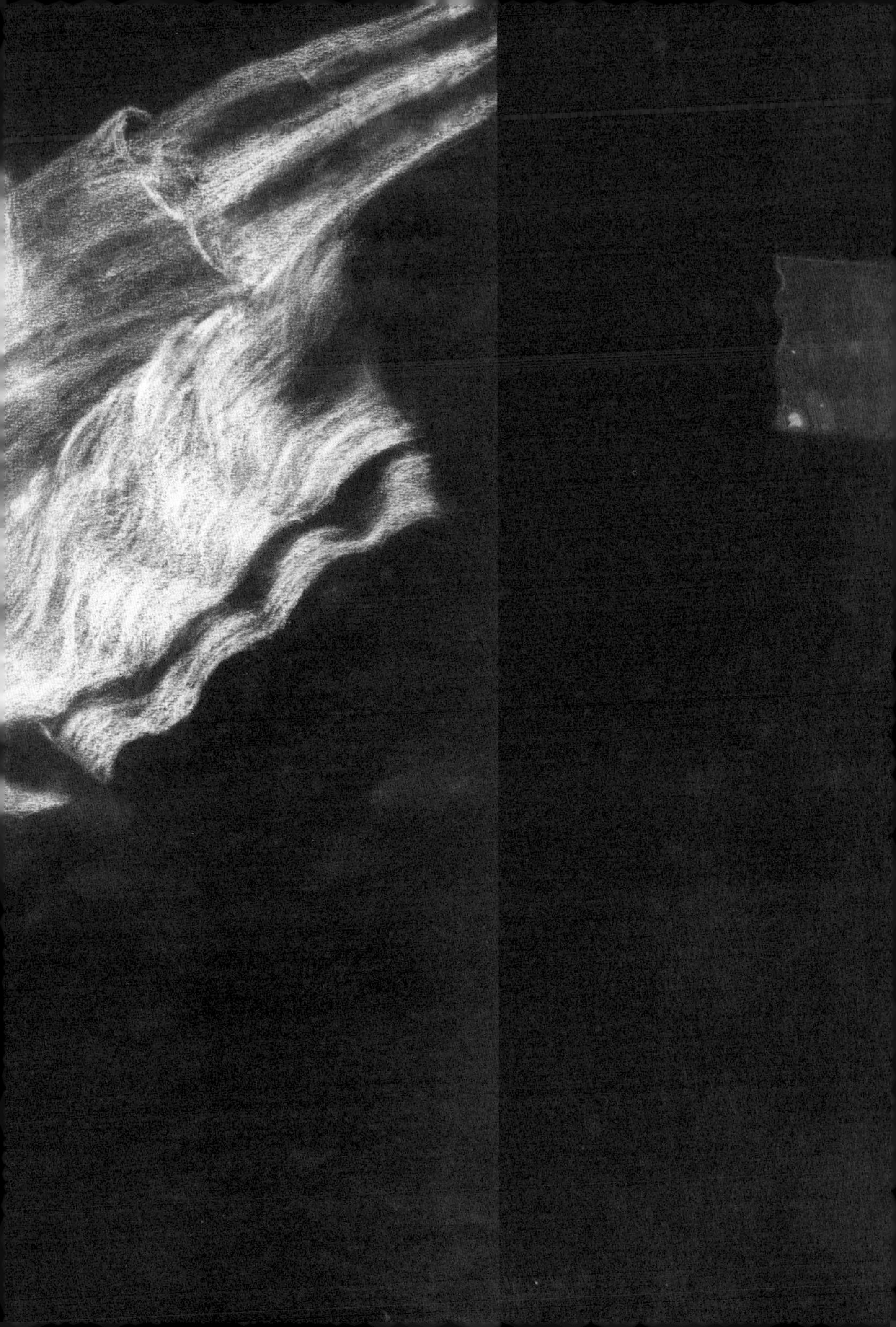

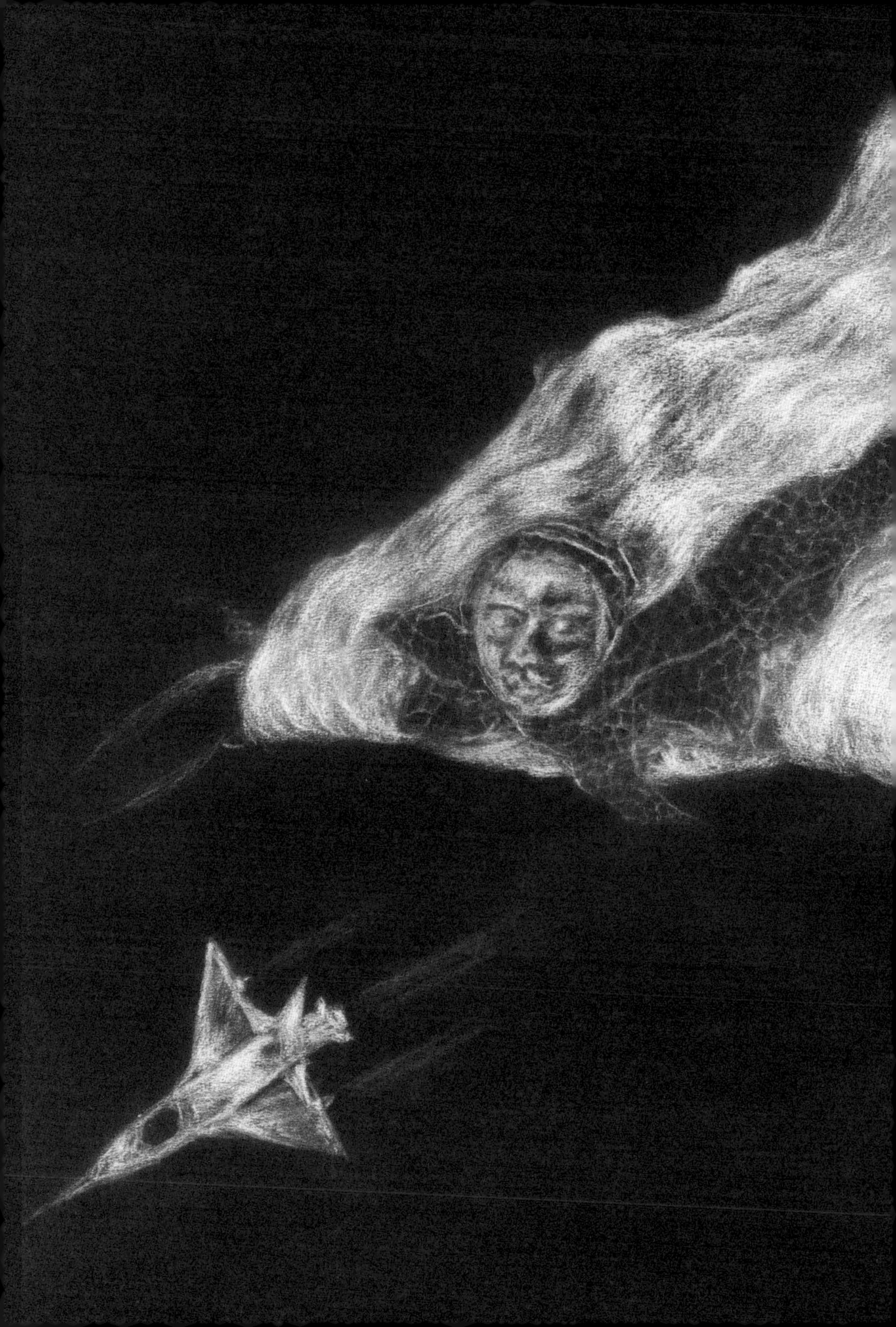

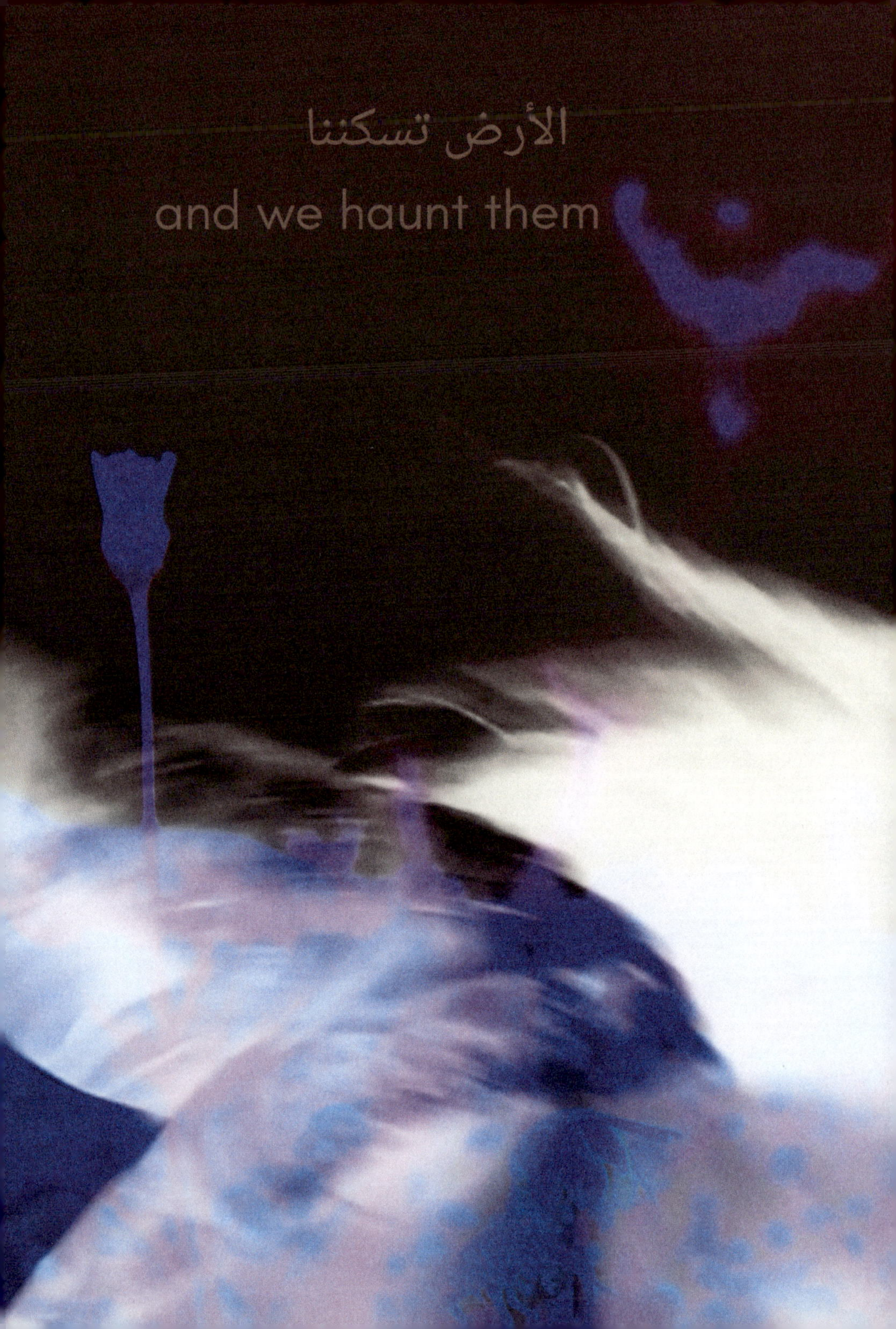

الأرض تسكننا
and we haunt them

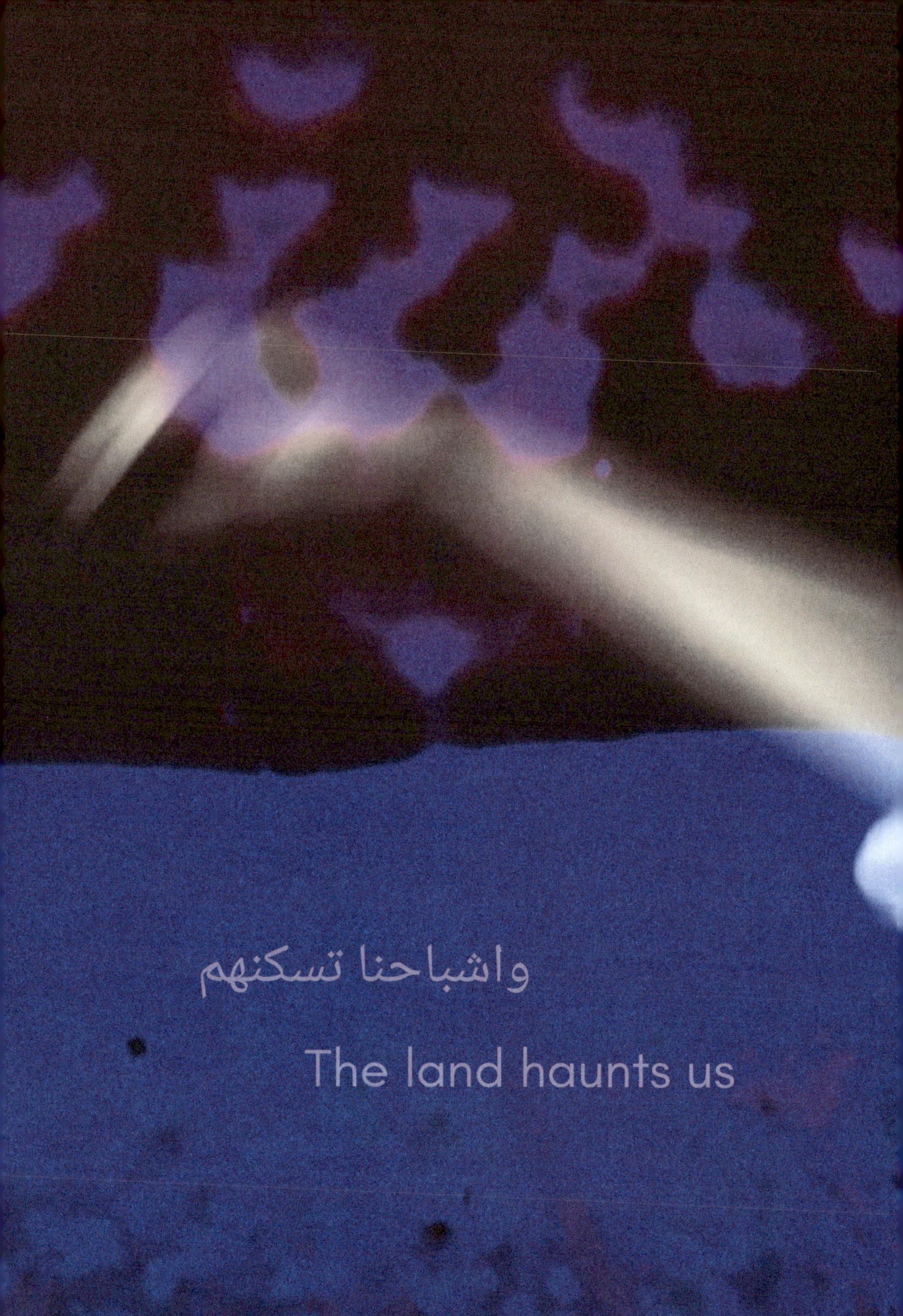
واشباحنا تسكنهم
The land haunts us

الشبح،

الصدى،

the shadows that remain

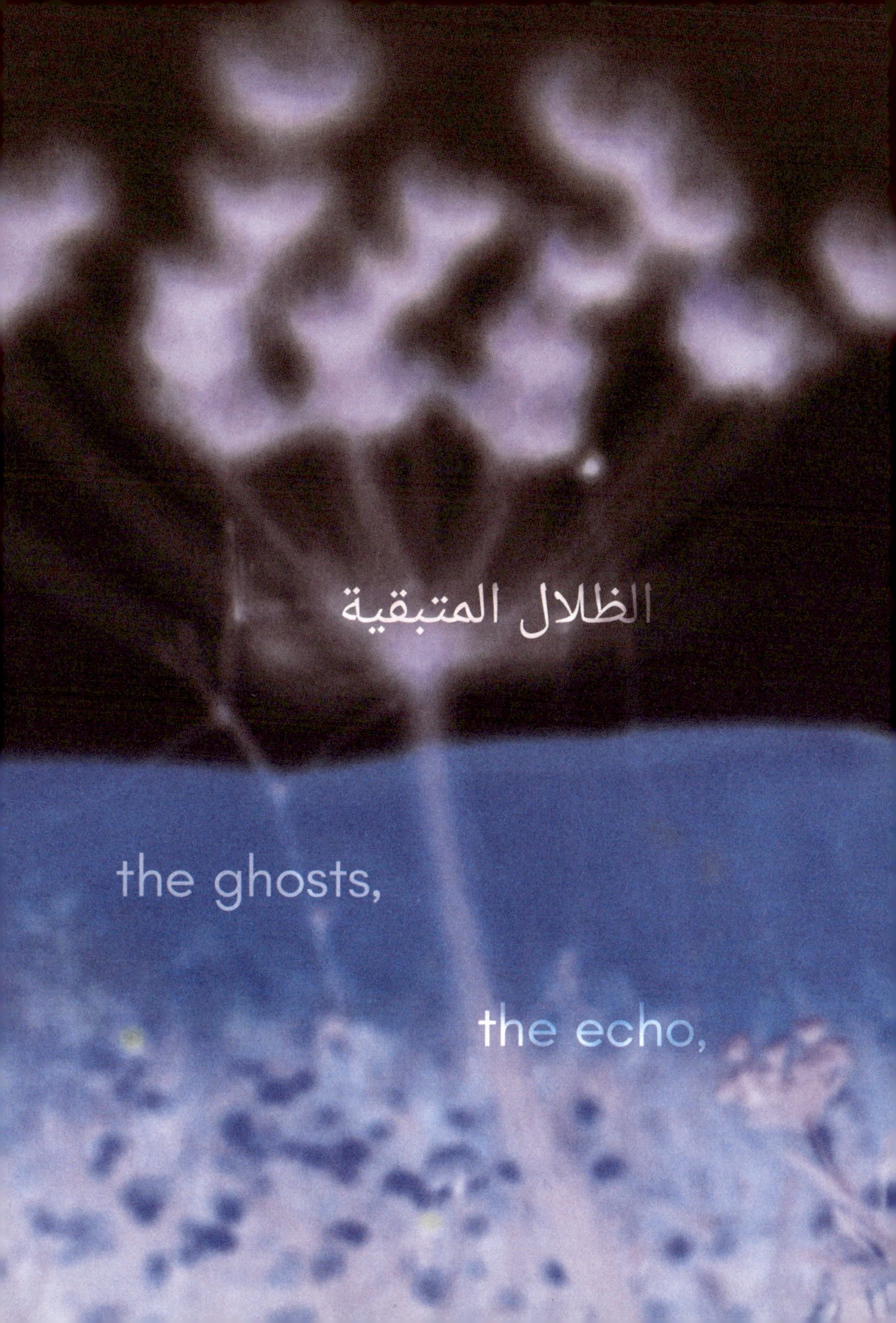

الظلال المتبقية
the ghosts,
the echo,

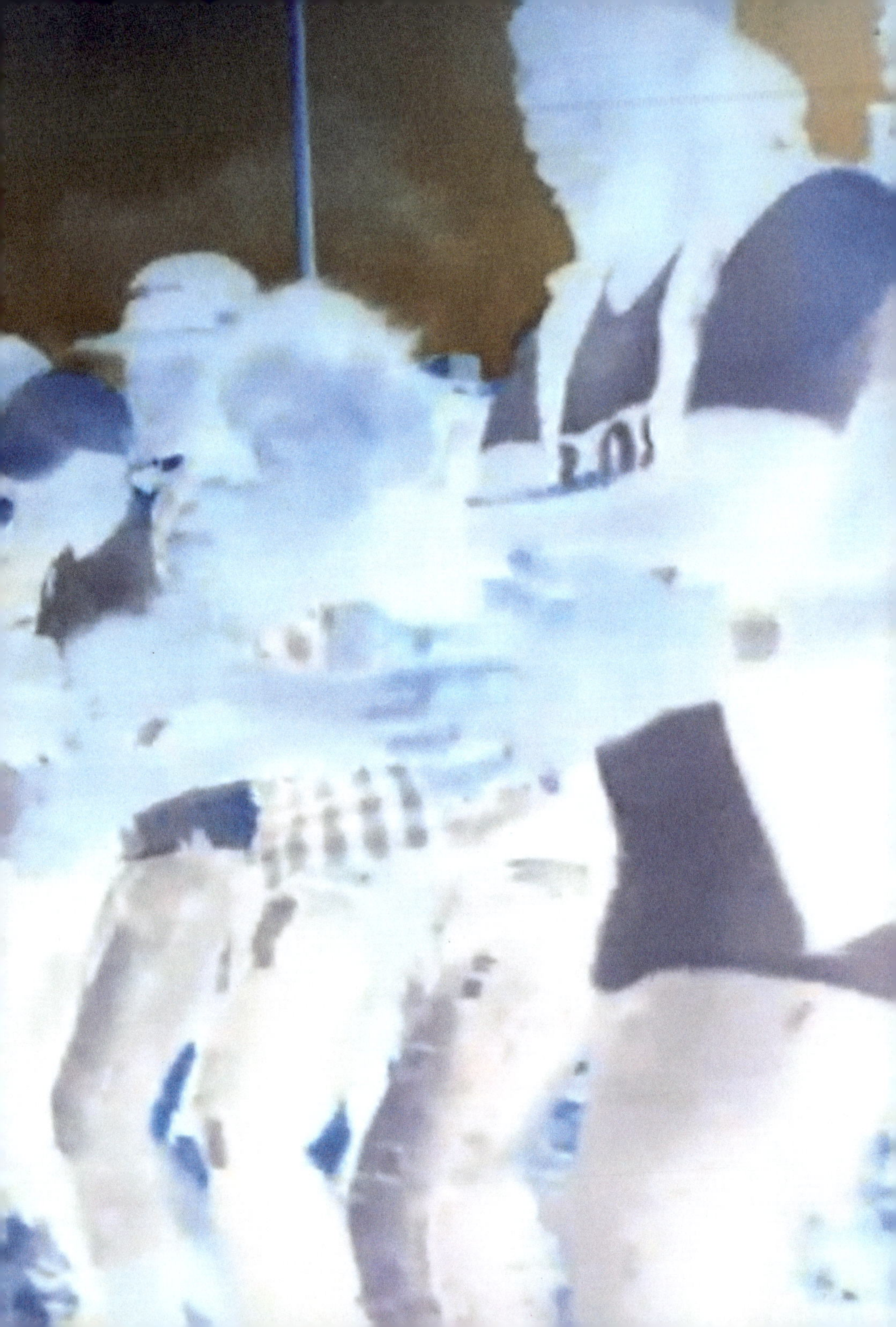

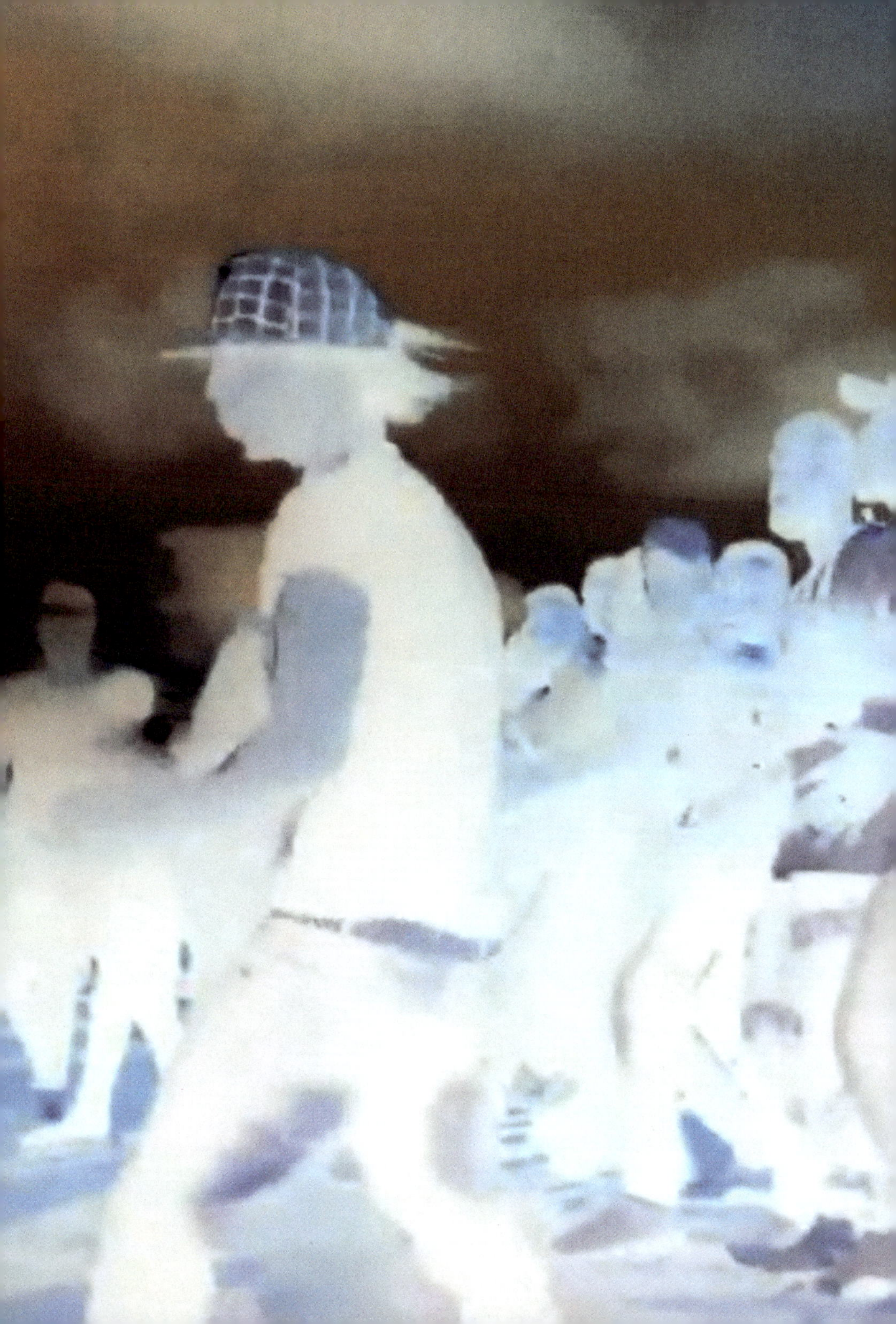

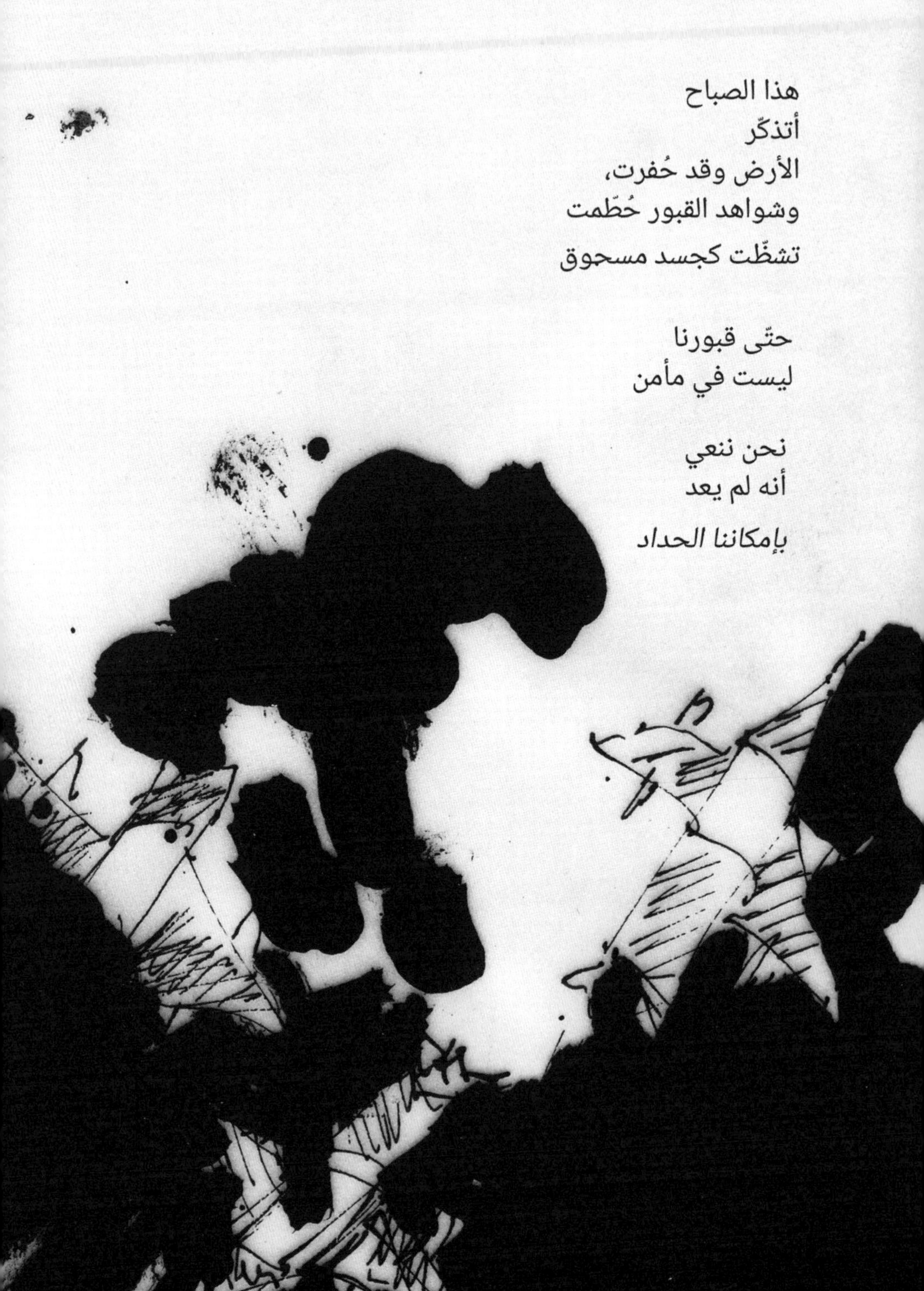

هذا الصباح
أتذكّر
الأرض وقد حُفرت،
وشواهد القبور حُطّمت
تشظّت كجسد مسحوق

حتّى قبورنا
ليست في مأمن

نحن ننعي
أنه لم يعد
بإمكاننا الحداد

This morning
I remember
The earth dug up, the gravestones
smashed
splintered like a fractured body

even our graves
are not safe

We mourn
that *we can no longer mourn*

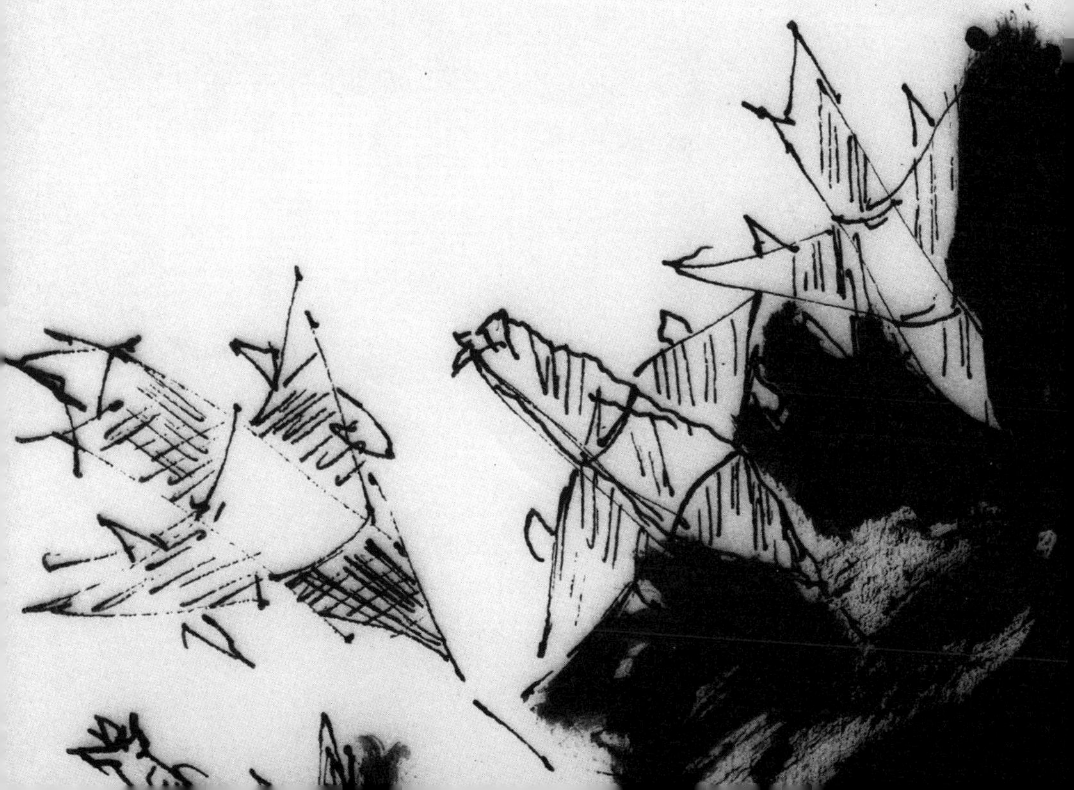

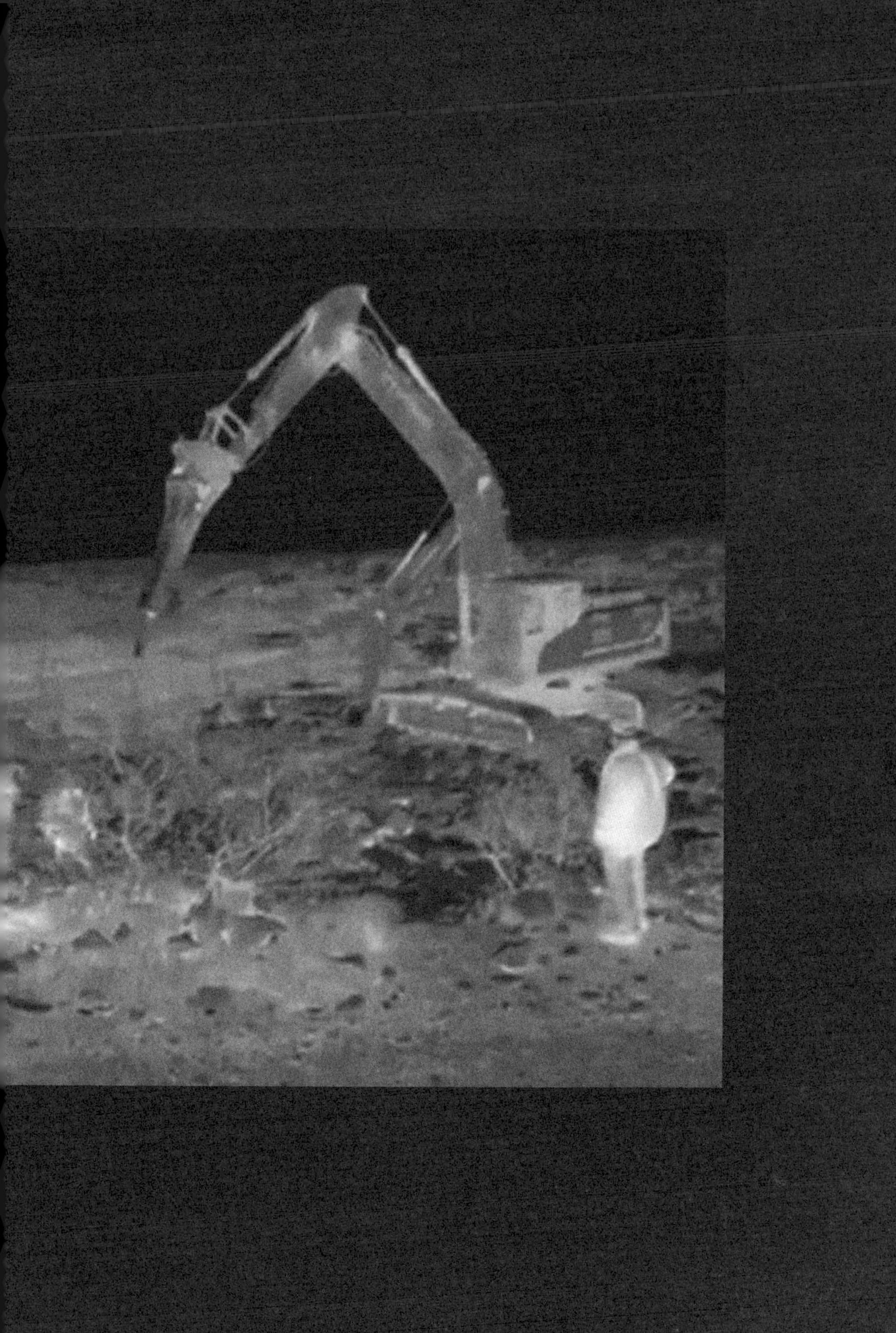

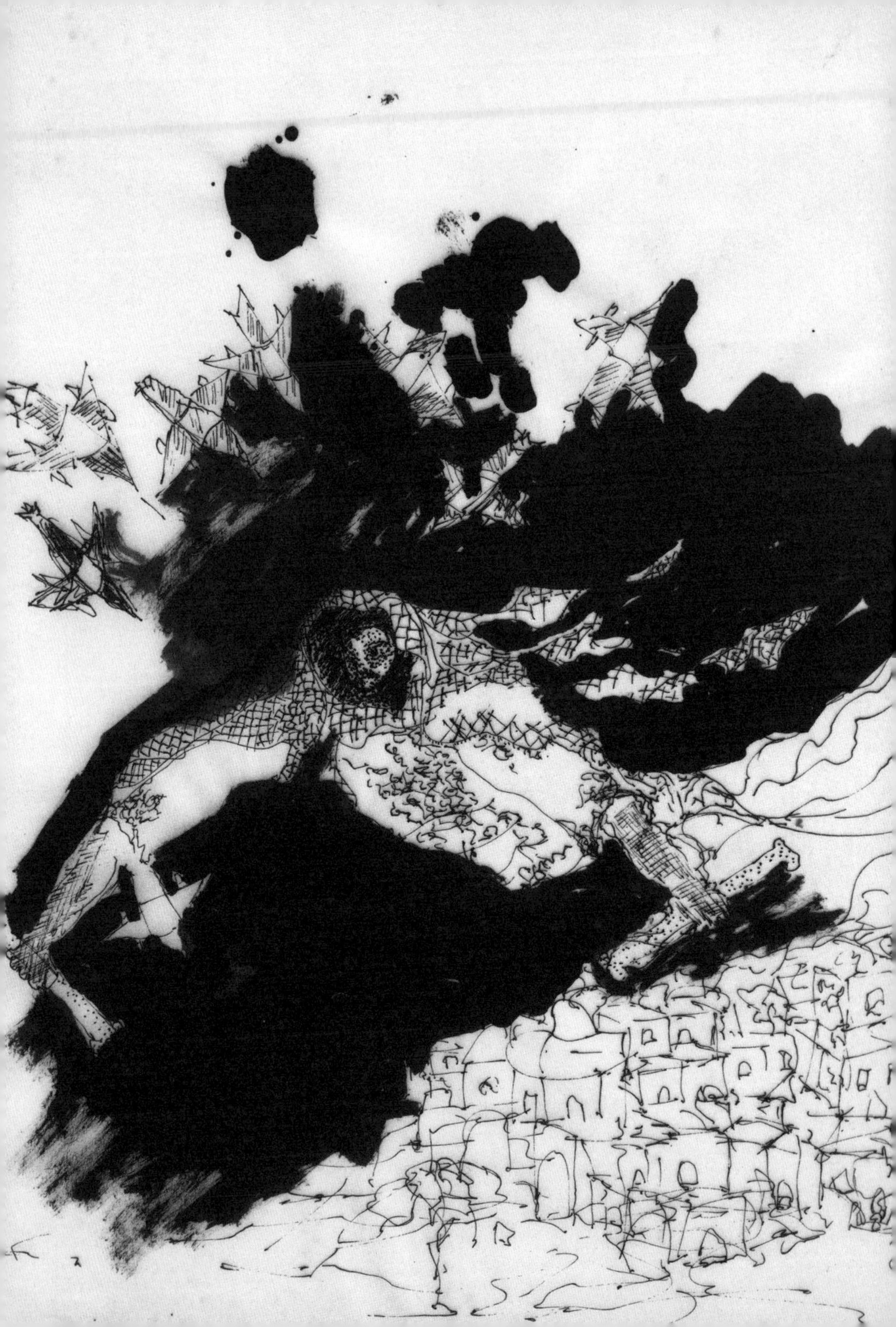

فلسطين أيلول الماضي

هيكل في غرفة فارغة

يجلس على الأرض

يهمس

كلمات له، وكلمات لغيره

كلمات غنيت في مخيّم

في الأردنّ

كلمات ترتجف

صوته

ينكسر

حيث أصواتهم

كانت ثابتة

ينقطع نفسه

يلتقط أنفاسه

ينقطع نفسه

يلتقط أنفاسه

ينقطع نفسه

يلتقط أنفاسه

catches breath

loses breath

catches breath

loses breath

catches breath

Palestine last September

Haykal in an empty room

sits on the floor

whispers

words his own and not his own

words sung in a camp

in Jordan

words in tremble

Now

his voice

breaks

where their voices

were unmovable

He
loses breath

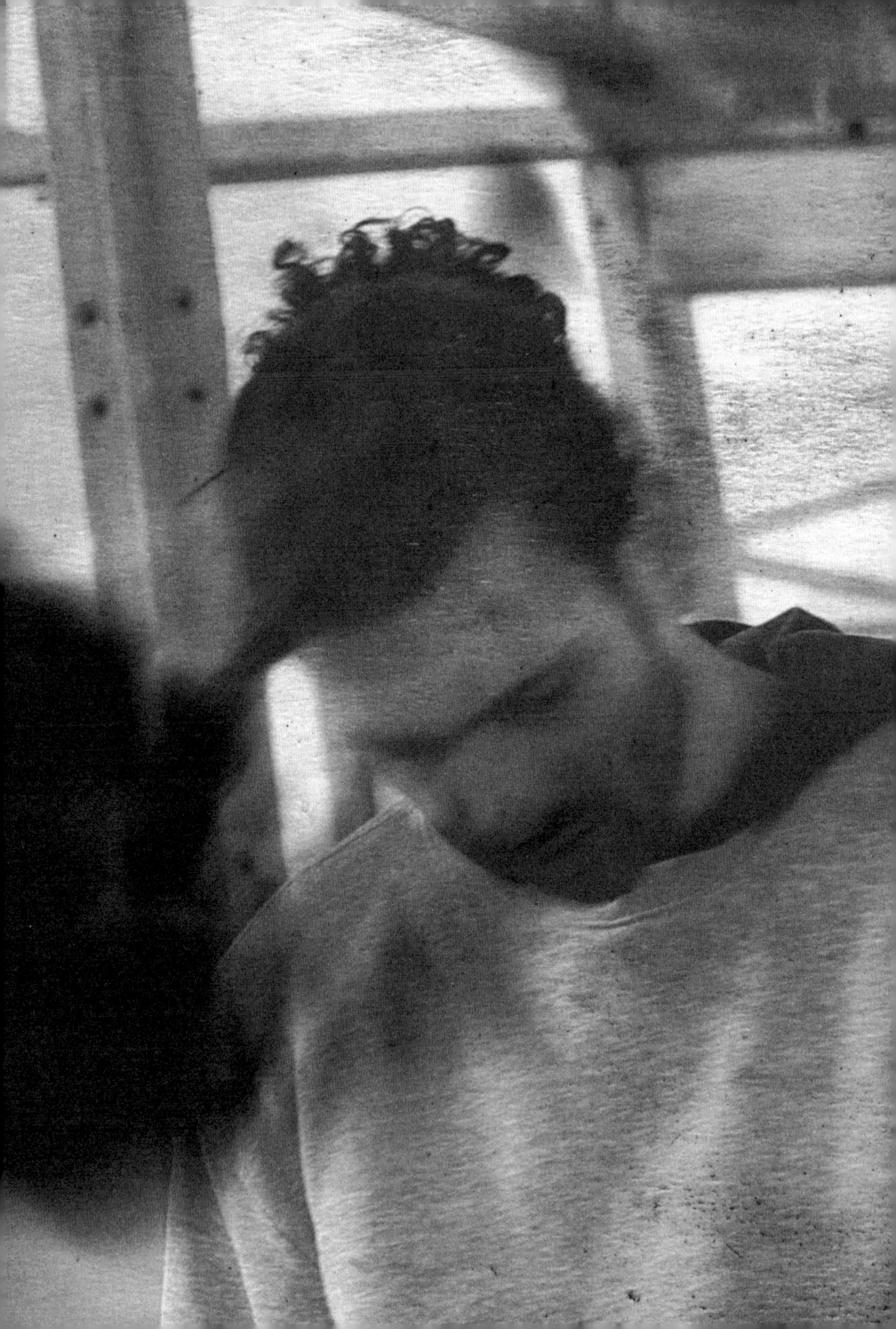

قلنا يوماً

أنّنا في بحث عن لغة جديدة

والآن نحن نتمسّك

بأيّ شكل من أشكال اللغة التي قد نجدها

لكي نربط هذه الكسرات ببعضها

نصف الأنفاس هذه

Once we said

we are in search of a new language

now we hold on

to any form of language we can find

to hold these broken parts together

These half breaths

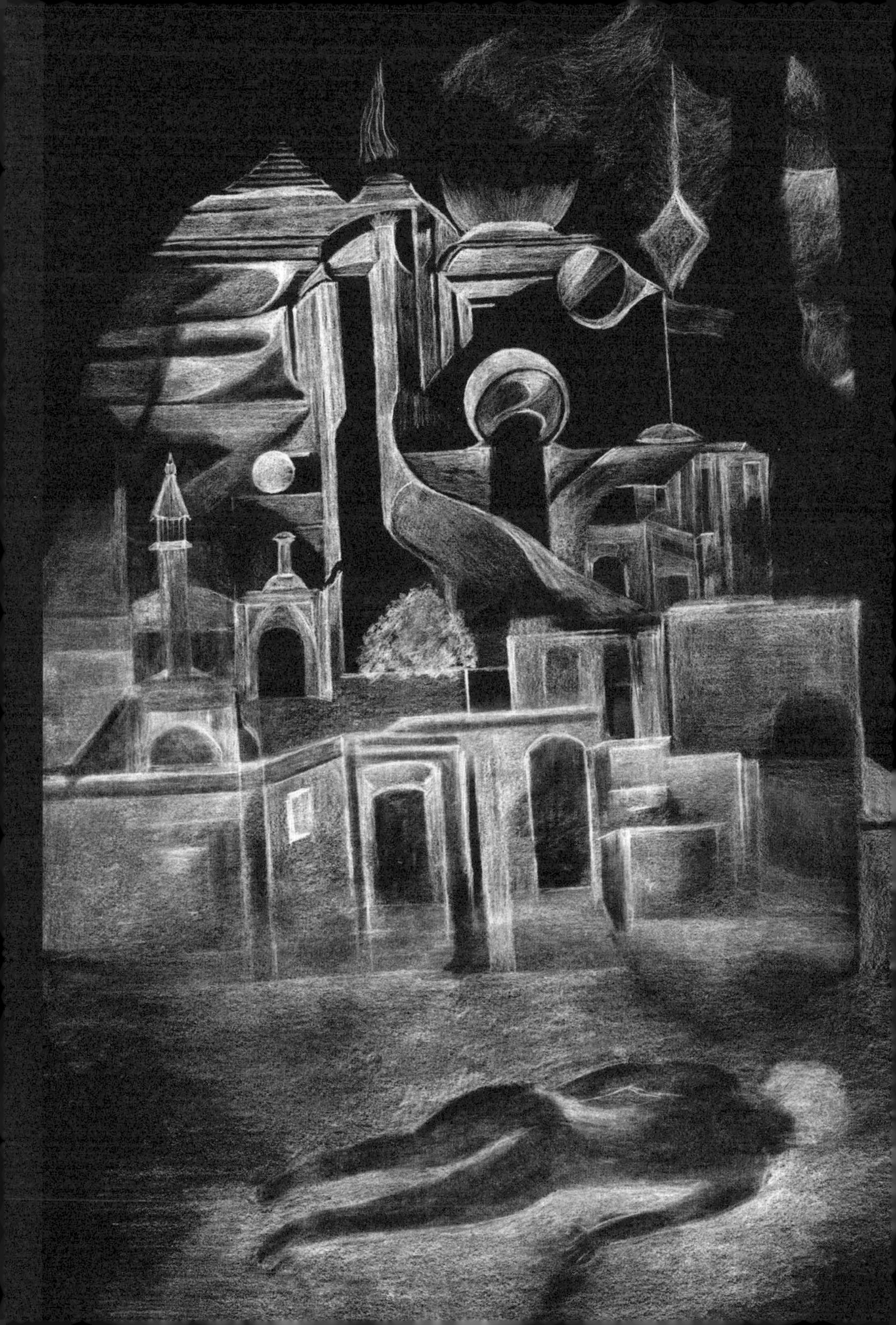

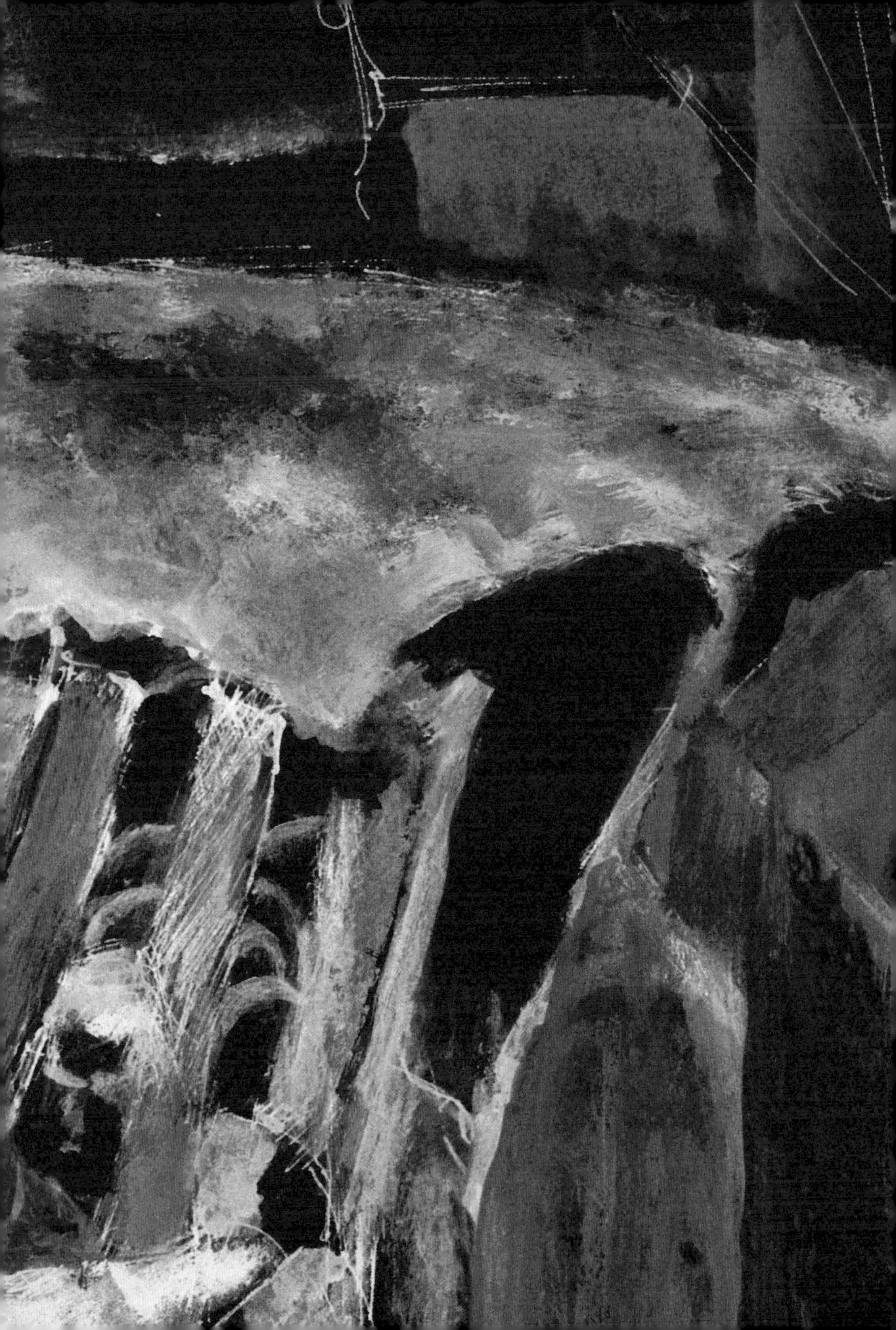

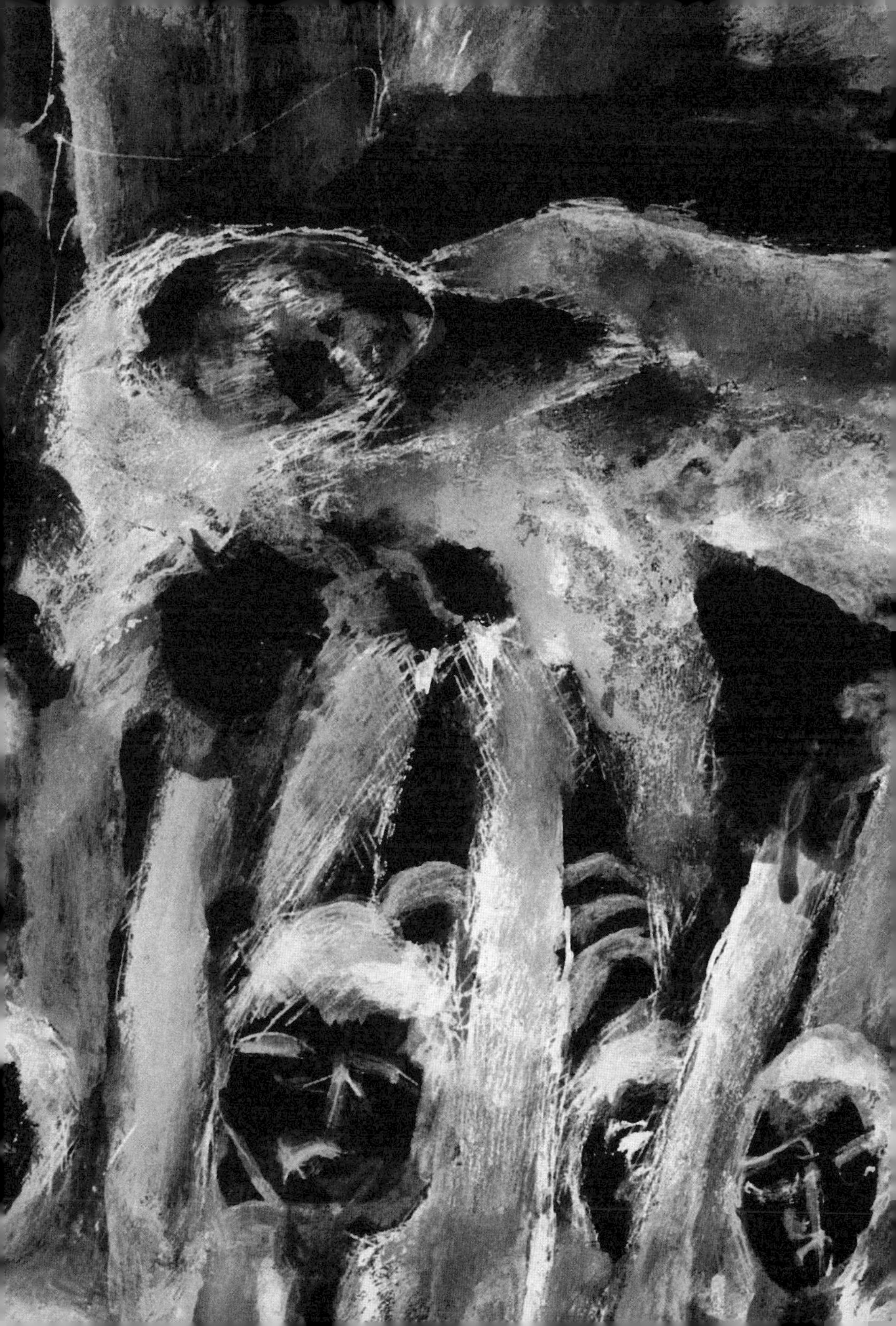

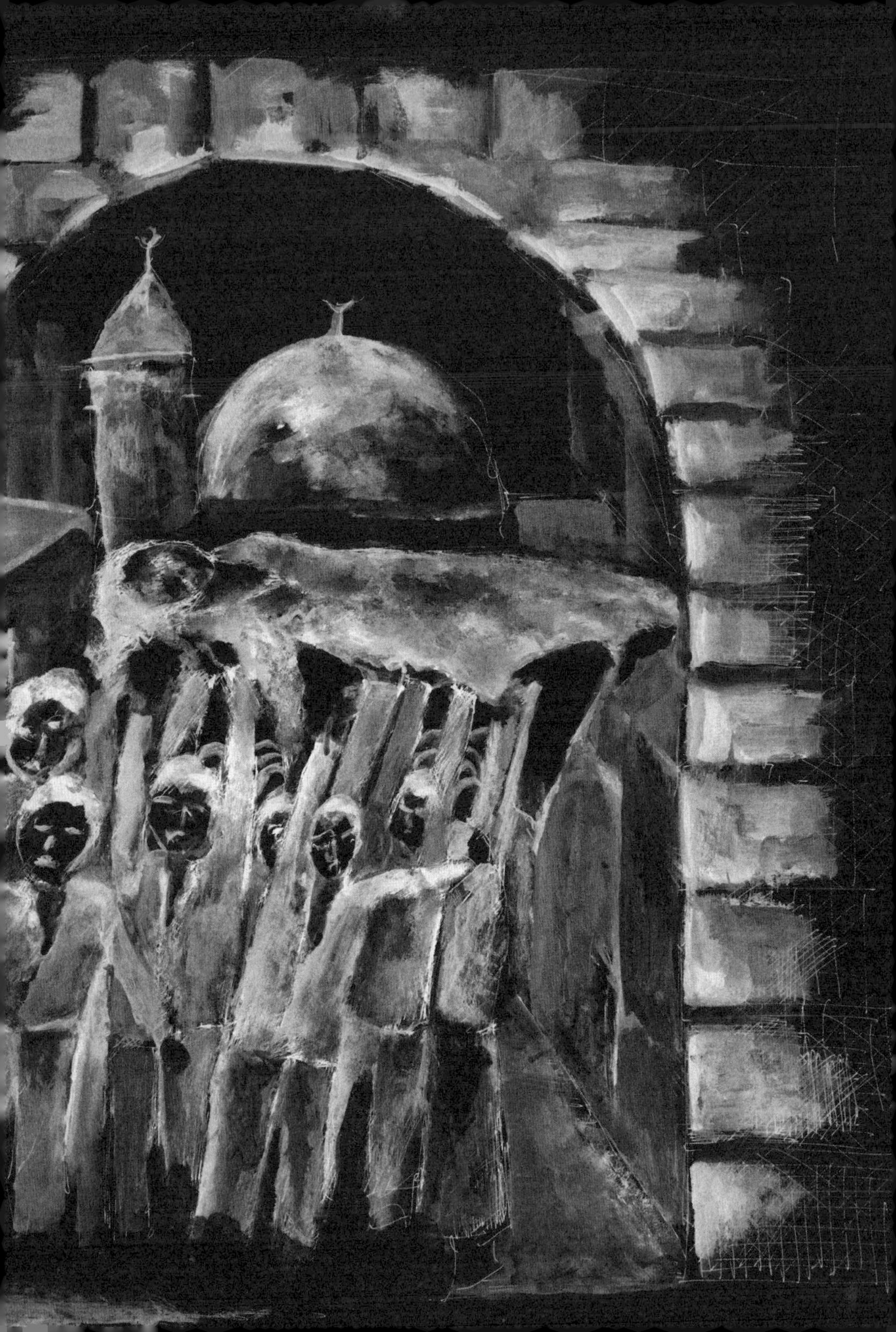

الموتى يعودون

ونحن عائدون معهم

الارض تنادي

والاغنية هي المناداة

الأرض تنادي الذين اختفوا

The dead are returning

And we are returning

with them

the land is calling

and the song is the call

the land is calling the vanished

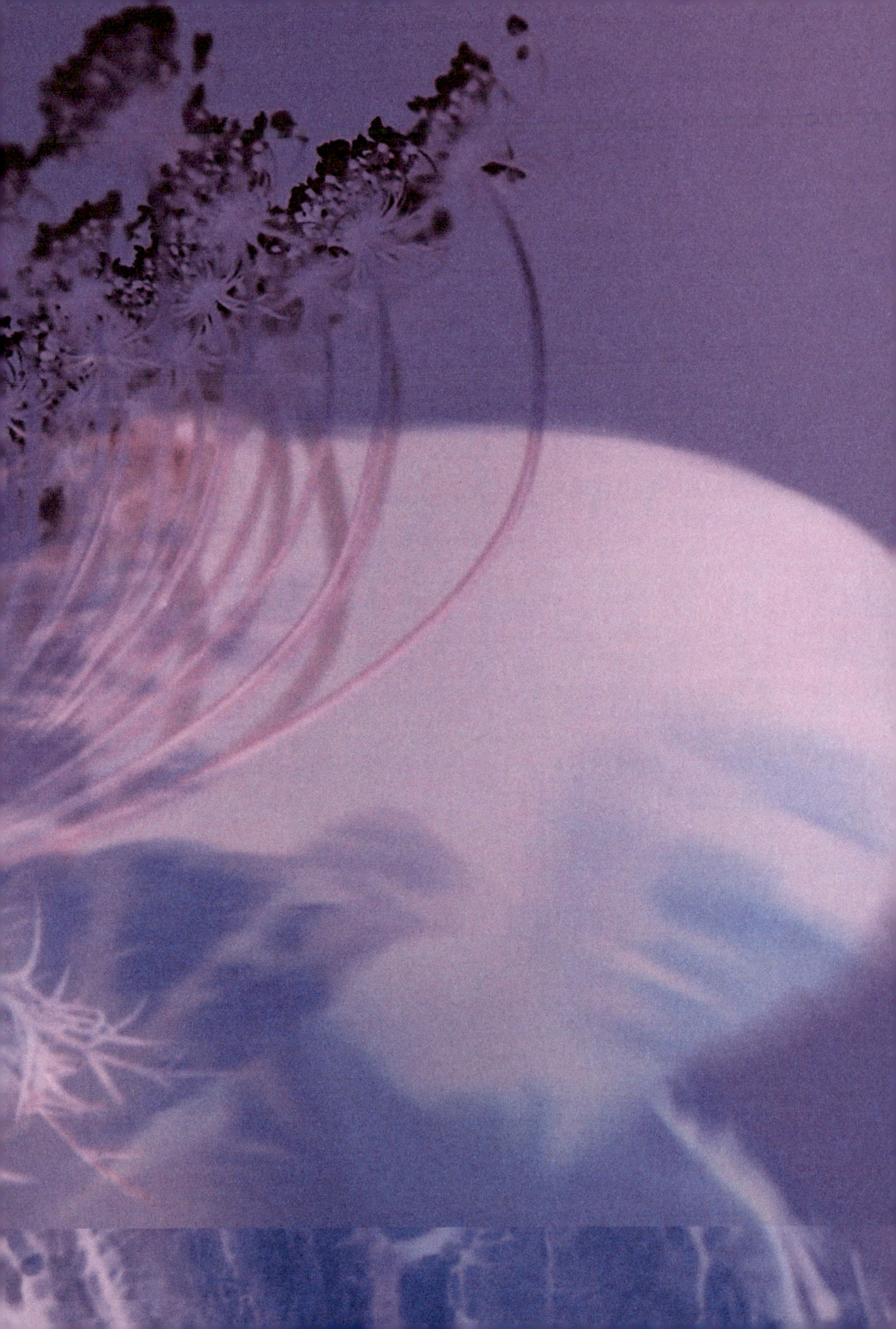

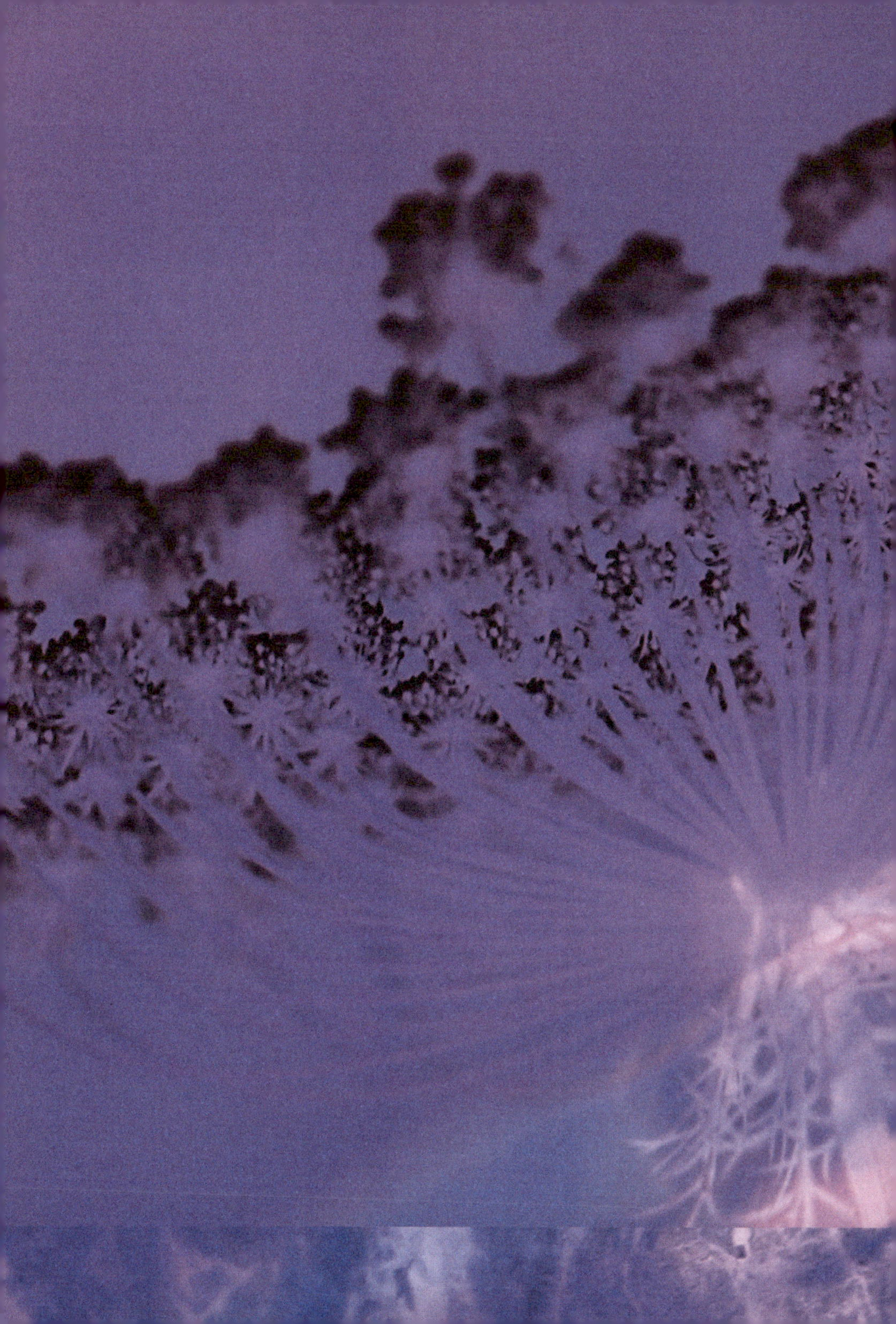

احبس نفسك

غنِّ

بعد ظهر أحد الأيام في شباط

غنِّ

نحن نتحدث عن معنى أن نكون

غنِّ

في حالة حداد دائمة

احبس نفسك

غنِّ

كلَّ يوم

غنِّ

كلَّ   يوم

غنِّ

كلَّ يوم

غنِّ

كلَّ   يوم

Hold breath

Sing

One february afternoon

Sing

we speak about what it means to be

Sing

in a constant state of mourning

Hold breath

Sing

every day

Sing

every   *day*

Sing

every day

Sing

every   *day*

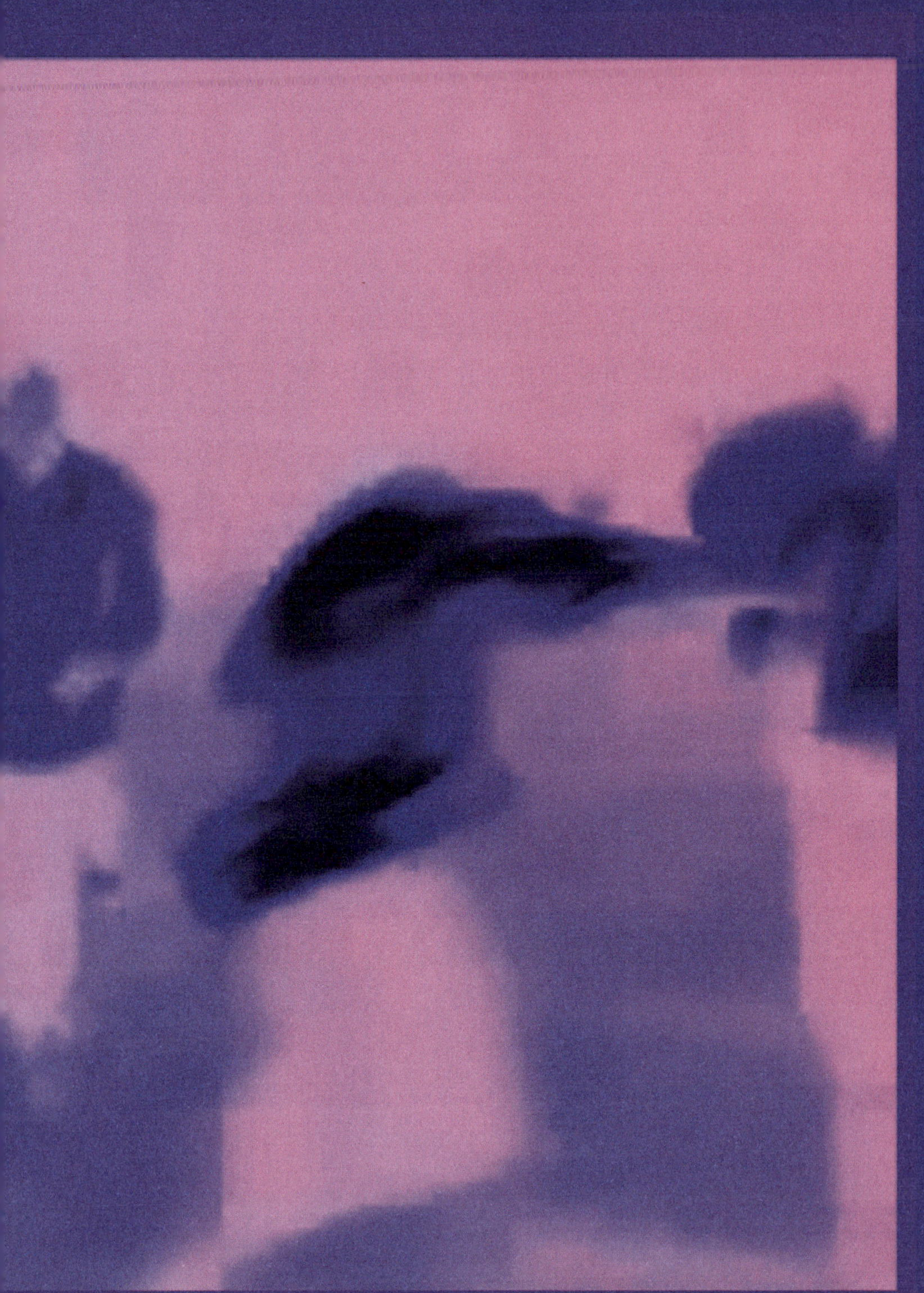

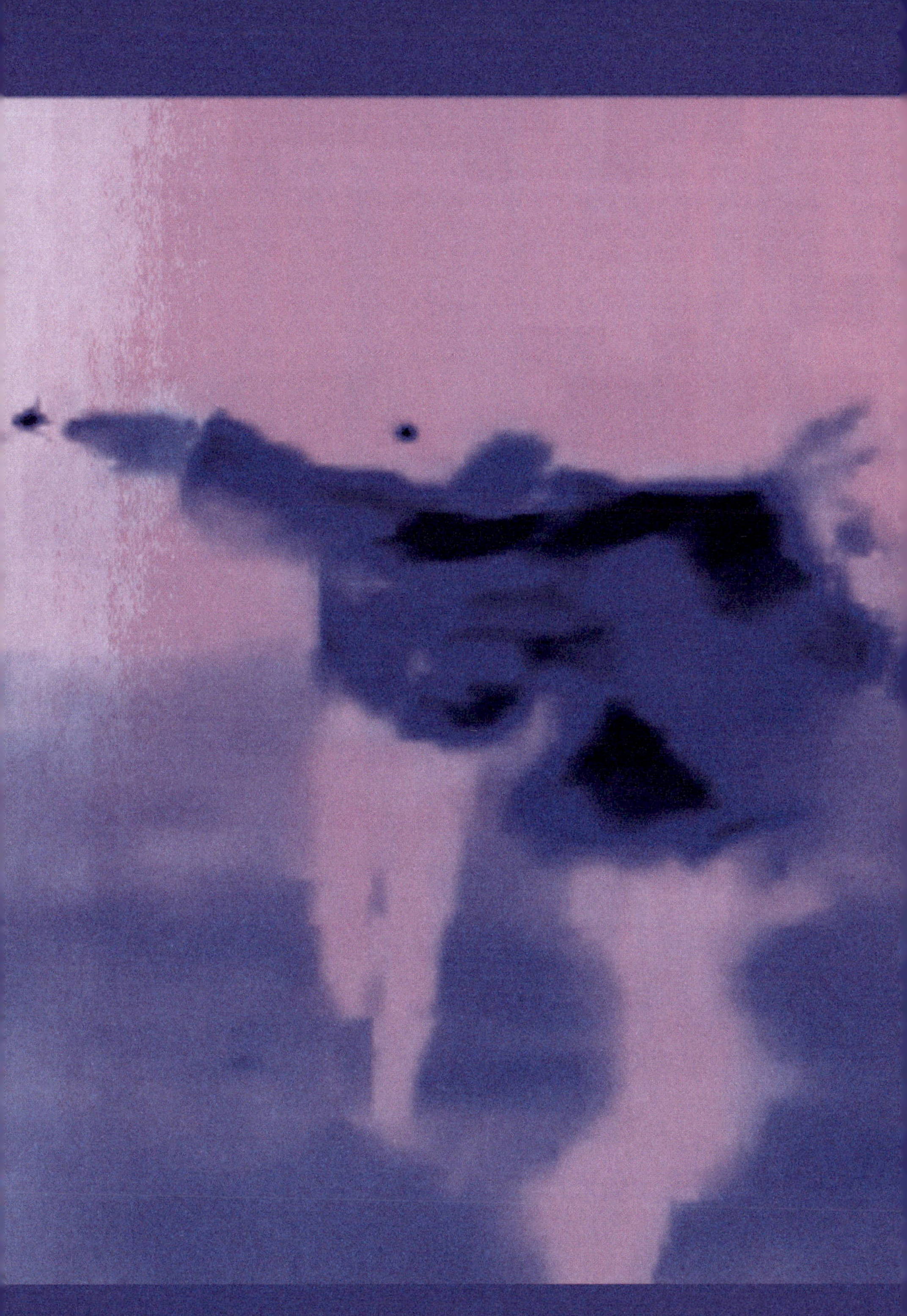

أن تكون
حيث أنت
أن تكون
حيث لا ينبغي أن تكون

أن تكون وتتنفّس
تتنفّس وتكون

being

where you are

being

where *you should not be*

Being and *breathing*

breathing and *being*

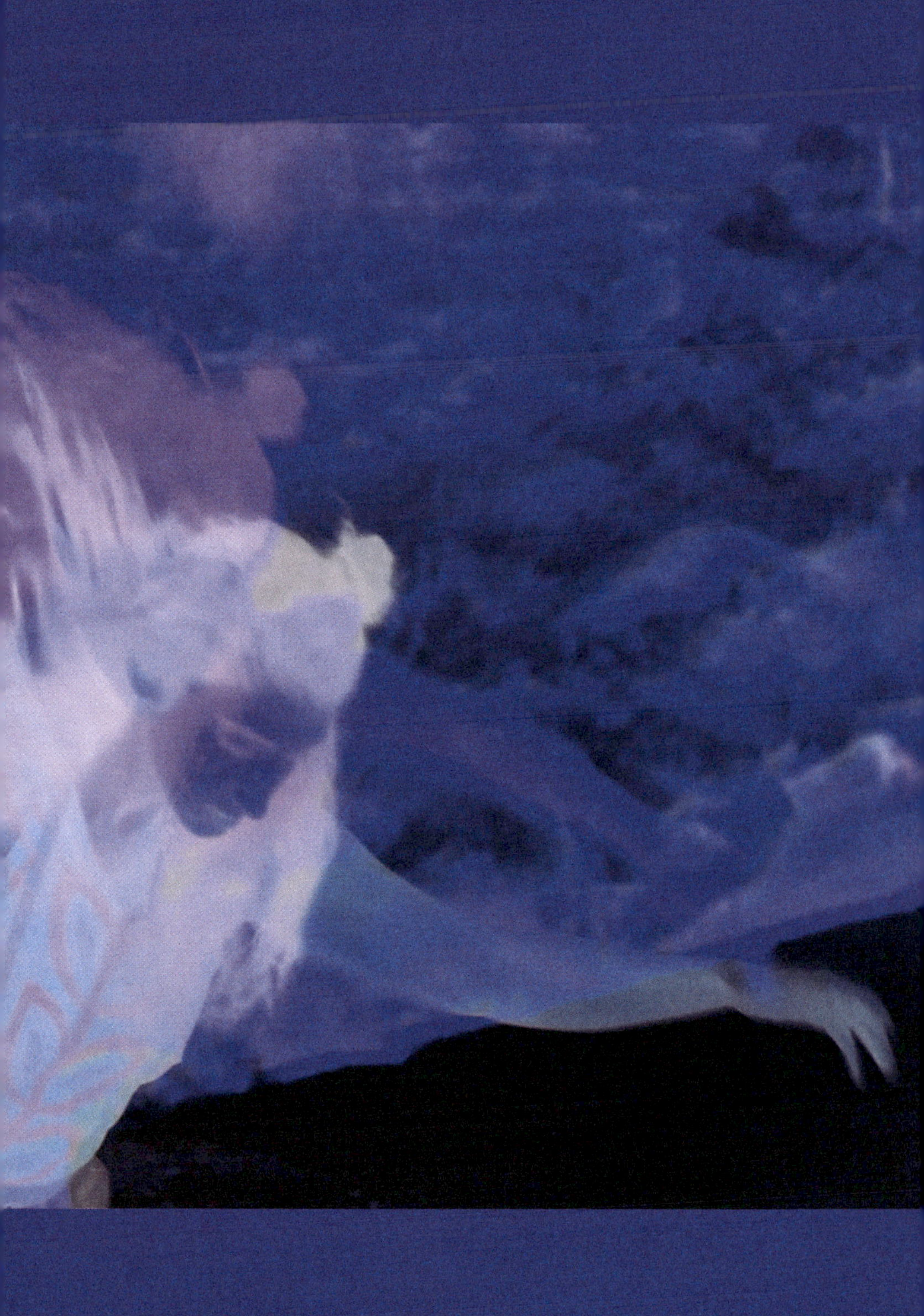

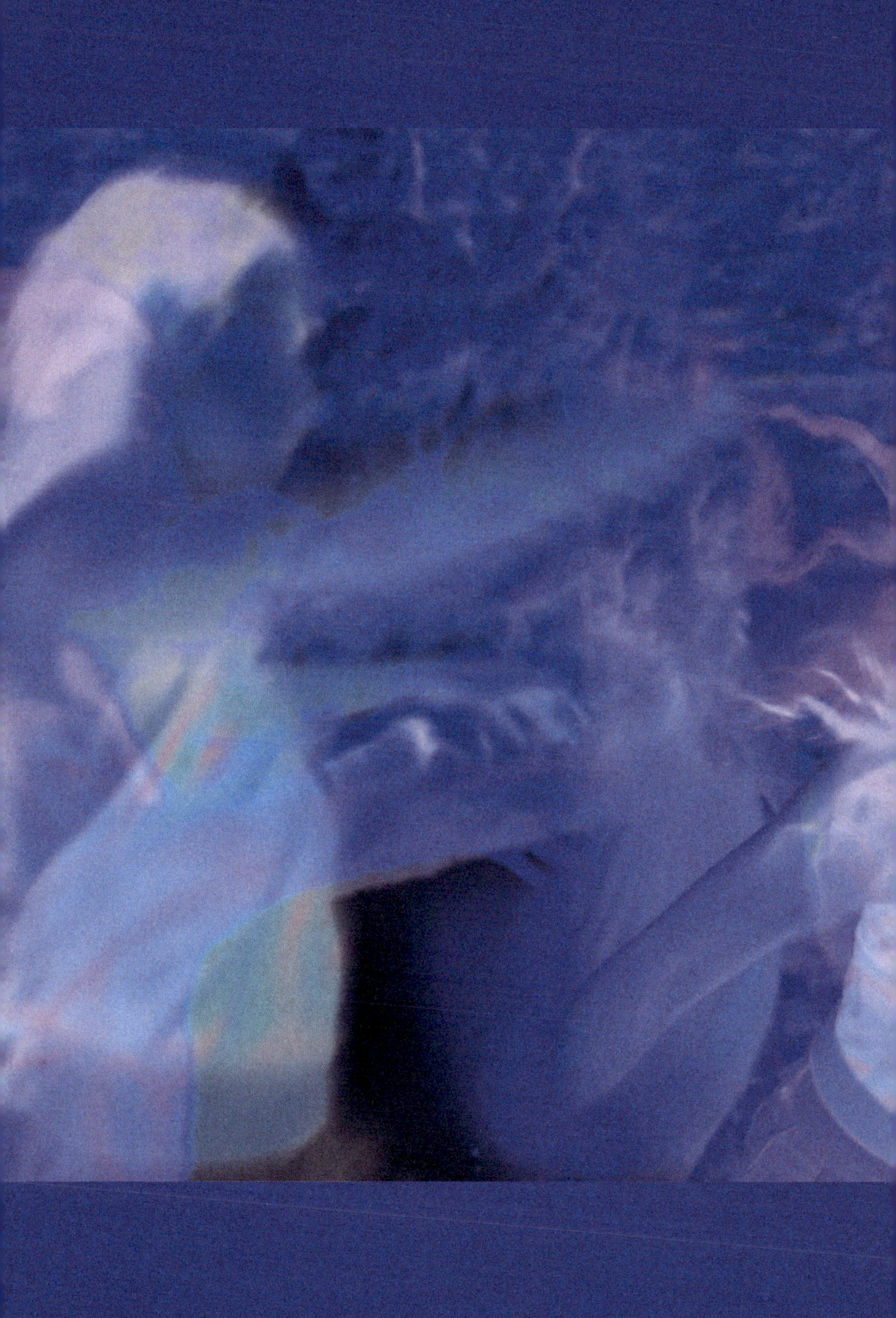

هششششششش
شششششش

احبس نفسك

تنفّس

احبس نفسك
احبس
احبس
احبس

تنفس

ان تكون
حيث   لا ينبغي أن تكون
تكون وتتنفس
تتنفس وتكون

Sssssss

Shhhhhhh

Hold breath

release

Hold breath

hold

hold

hold

                           release

being

where   *you should not be*

being and *breathing*

breathing and *being*

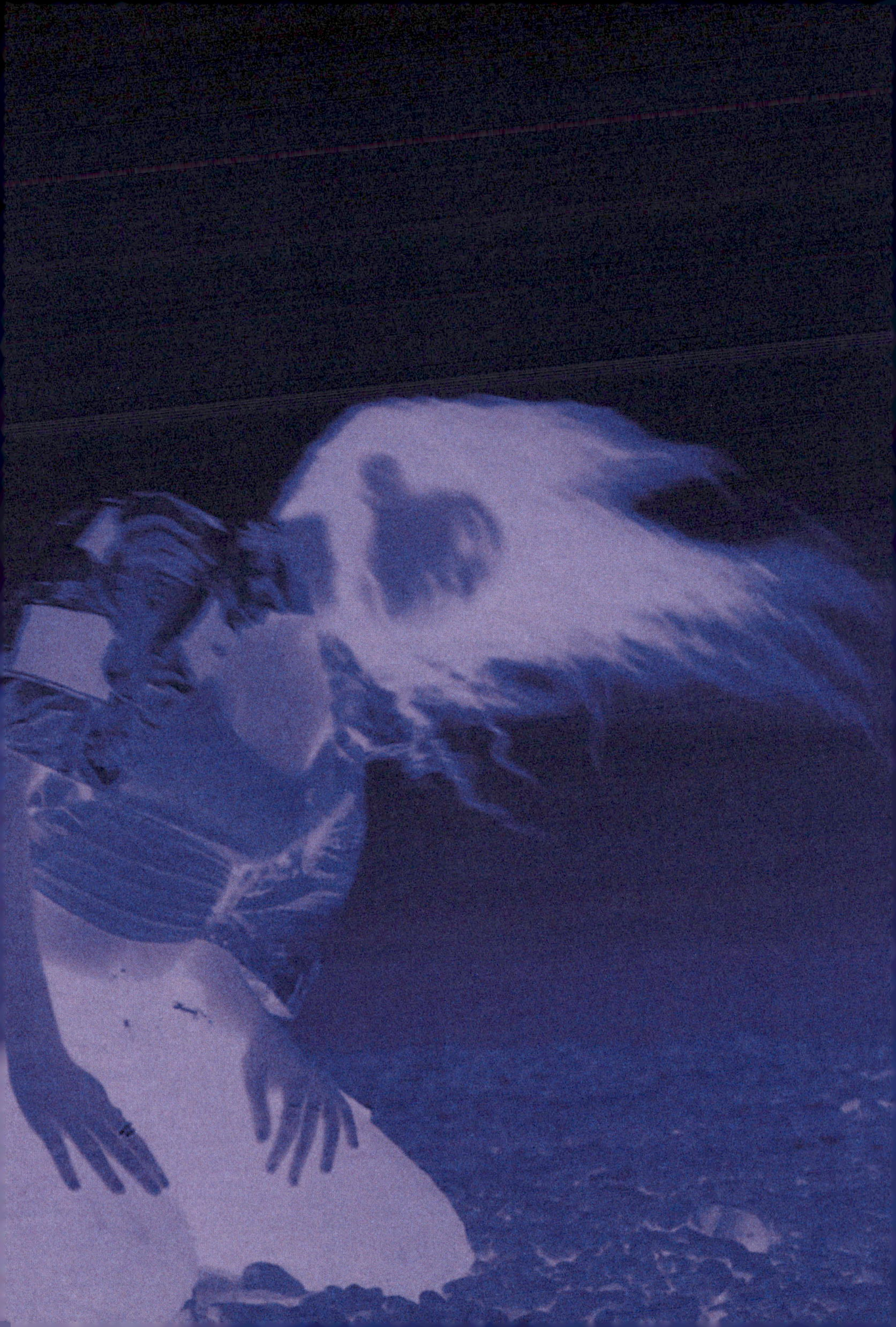

تنفس وتكون

تكون وتتنفس

في الناقص

في العدم

في الشك

في الدين

مشوّه

مسحوق

محطّم

مفلس

breathing and *being*

being and *breathing*

in the negative

in the lack

in doubt

in debt

maimed

bruised

broken

broke

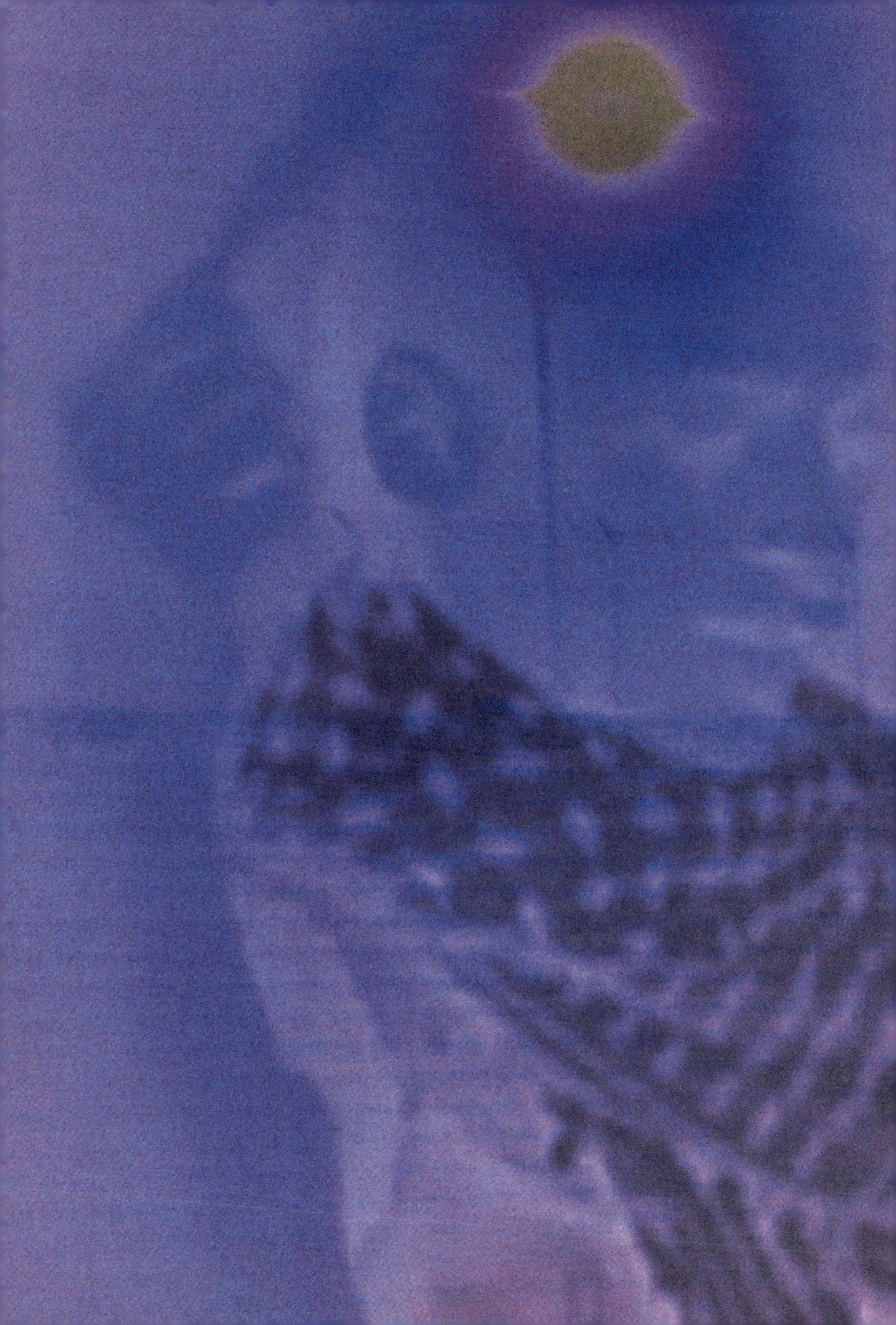

عائد
هنا الان
في هذه الزاوية
في هذه الكلمة
تلك الجملة
هذا الإيقاع
هذا الصمت

كارتجافة

Returning

here now

on this corner

in this word

that sentence

this rhythm

this silence

As tremble

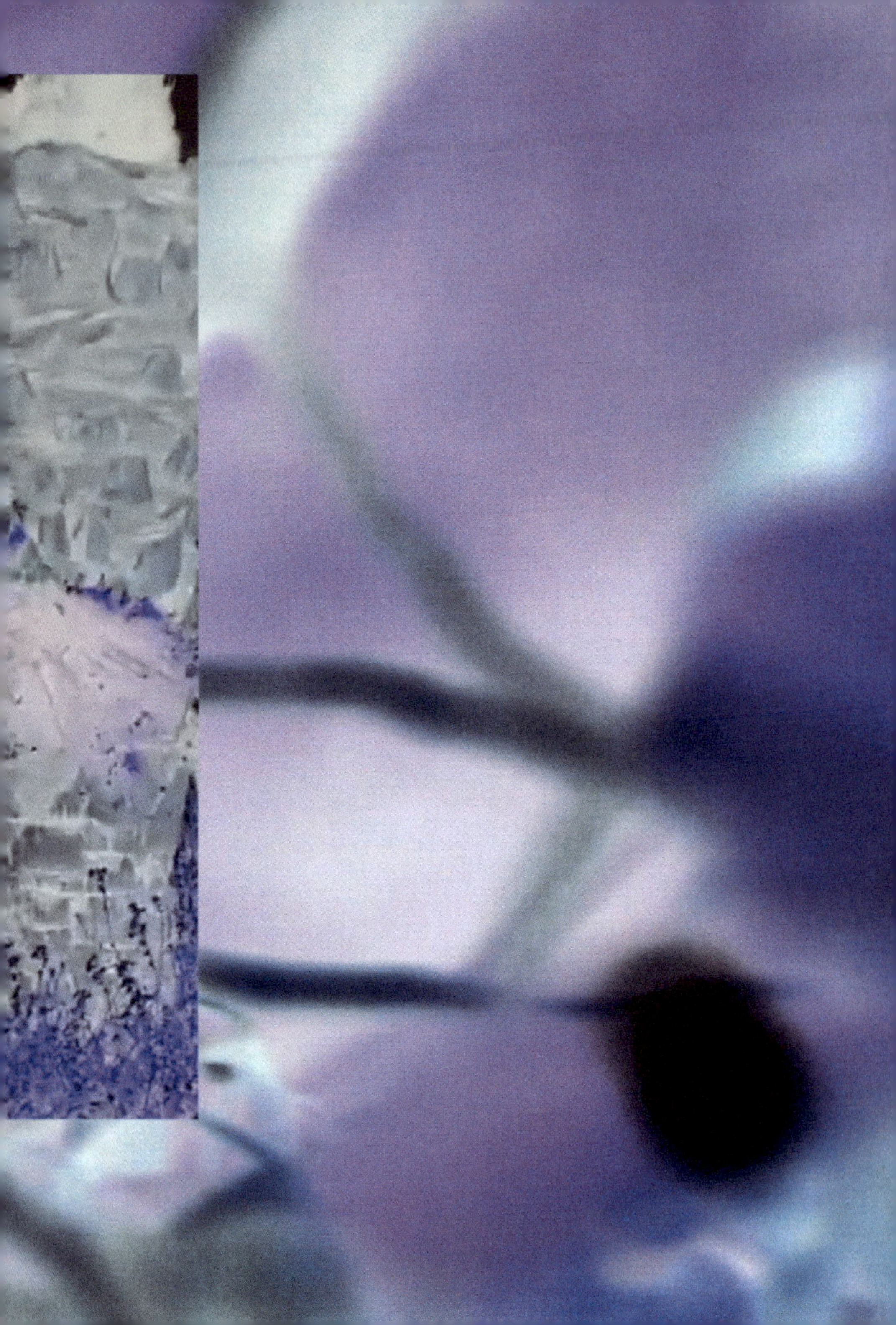

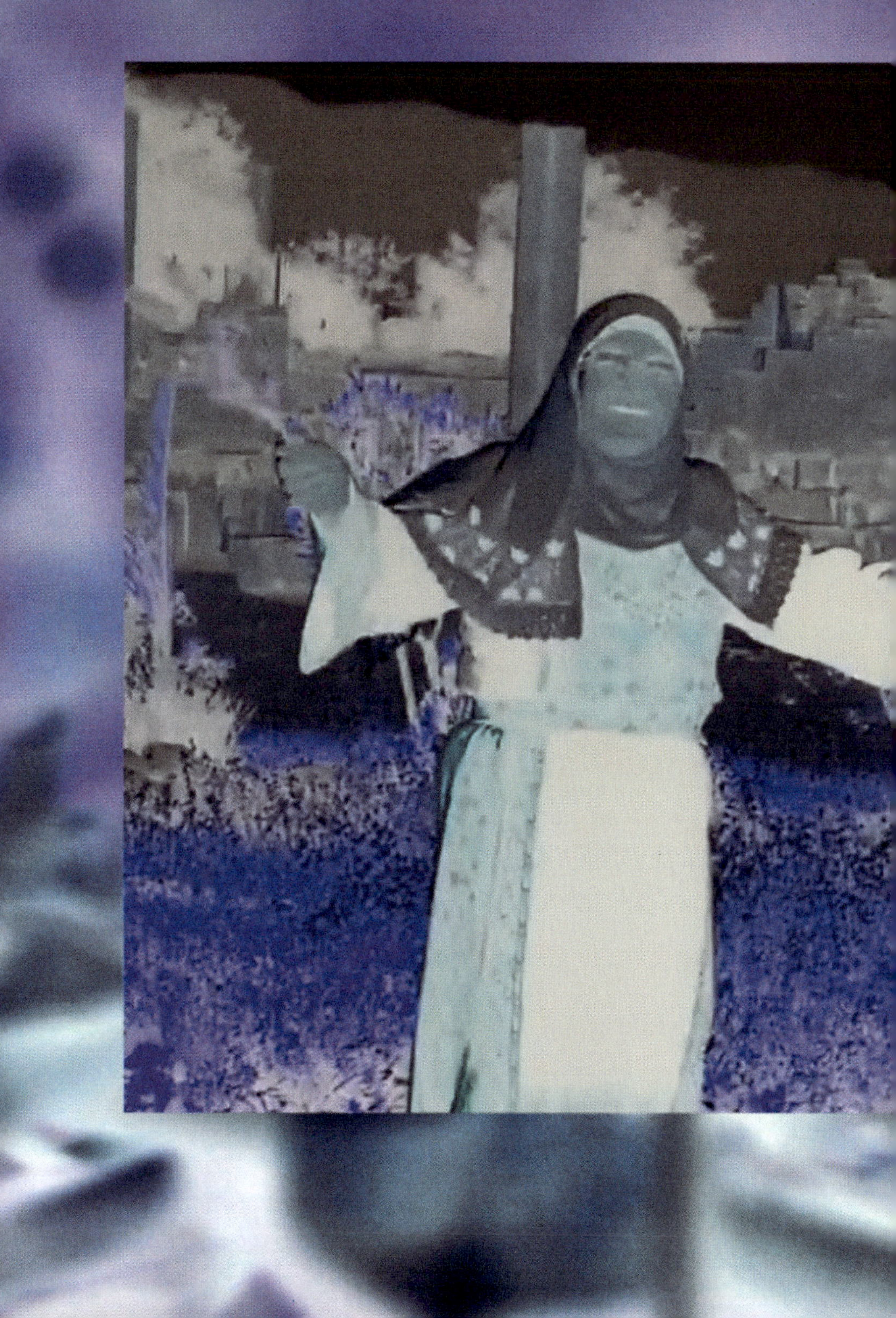